Bem-aventurados os aflitos

Bem-aventurados os aflitos

Richard Simonetti

ISBN 978-85-86359-72-9

Projeto Gráfico:
Junior Custódio

Capa:
Angela dos Santos Luiz

3ª edição – Março de 2013
2.000 exemplares - 20.001 a 22.000

Copyright 2009 by
Centro Espírita Amor e Caridade
Bauru SP

Edição e distribuição

CEAC
EDITORA

Rua 7 de Setembro, 8-56
Fone/Fax (14) 3227-0618
CEP 17015-031 - Bauru - SP
e-mail: editoraceac@ceac.org.br
site: www.ceac.org.br

Dados Internacionais de Catalogação na Publicação (CIP)
(Câmara Brasileira do Livro, SP, Brasil)

```
Simonetti, Richard
   Bem-aventurados os aflitos /
Richard Simonetti. -- Bauru, SP : CEAC
Editora,2009.

   ISBN 978-85-86359-72-9

   1. Espiritismo 2. Reflexões. 3. Espiritismo -
Filosofia I. Título.

04-5774                                    CDD-133.9
```

Índices para catálogo sistemático:
1. Reflexões : Espiritismo   133.901

Jamais deve o homem olvidar que se acha num mundo inferior, ao qual somente as suas imperfeições o conservam preso.

A cada vicissitude, cumpre-lhe lembrar-se de que, se pertencesse a um mundo mais adiantado, isso não se daria e que só de si depende não voltar a este, trabalhando por se melhorar.

Allan Kardec,
capítulo V de *O Evangelho segundo o Espiritismo*

Sumário

Examinai tudo *13*
Para não secar os ossos 19
Ingenuidade e esperteza 29
Pagar o carnê 39
Profilaxia da alienação 45
Da covardia à coragem 53
A dor que não redime 63
Pessimismo ou realismo? 69
É muito simples 79
Mortes prematuras 87
Se fosse um homem de bem... 97
Para quem gosta de sofrer 107
Custo e benefício 117
Escafandristas 127
Cilício 139
Fraturar a mão 149
Eutanásia 161
Se morrêssemos hoje 175
Abraçar para voar 187
Finalizando 199

Examinai tudo

Nem sempre o maior é o melhor.

Esse velho refrão não se aplica ao capítulo V de *O Evangelho segundo o Espiritismo*.

Não apenas é o que contém maior número de páginas, mas, também, o mais substancioso e esclarecedor.

Se o Espiritismo é o Consolador prometido por Jesus, a consolação doutrinária está toda fundamentada ali, nas sábias ponderações de Kardec e dos mentores que o assistiam, em trinta e um itens.

Avalie o conteúdo, leitor amigo, simplesmente observando os títulos:

Ponderações de Kardec:
Justiça das aflições.
Causas atuais das aflições.
Causas anteriores das aflições.
Esquecimento do passado.
Motivos de resignação.
O suicídio e a loucura.

Instruções dos Espíritos:
Bem e mal sofrer.
O mal e o remédio.
A felicidade não é deste mundo.
Perda de pessoas amadas.
Mortes prematuras.
Se fosse um homem de bem, teria morrido.
Os tormentos voluntários.
A desgraça real.
A melancolia.
Provas voluntárias.
O verdadeiro cilício.
Dever-se-á pôr termo às provas do próximo?
Será lícito abreviar a vida de um doente que sofra sem esperança de cura?
Sacrifício da própria vida.
Proveito dos sofrimentos para outrem.

Essas abordagens contêm material para uma enciclopédia plena de consolações como só a Doutrina Espírita pode oferecer.

Por faltar-me competência para obra de tal fôlego, limito-me a apresentar-lhe este livro buscando contextualizar, trazer para o nosso tempo e nosso cotidiano seu conteúdo.

Releve os "cacoetes" que caracterizam meus exercícios literários, quais sejam a *mania* de trocar em miúdos a Codificação e descontrair o estudo doutrinário com comentários bem-humorados, que algum confrade mais sisudo considerará heresia. Certamente por desconhecer que o humor é o melhor recurso para seduzir a atenção, esta senhora esquiva que fecha as portas do cérebro quando não conseguimos conquistá-la.

A intenção, como sempre, é oferecer subsídios aos iniciantes e momentos de reflexão aos iniciados.

***

Para você não imaginar que omiti os primeiros itens do Capítulo V, esclareço que ambos reportam-se às citações evangélicas sobre as quais Kardec debruçou-se para escrever o texto.

Para seu conhecimento e motivação inicial, faço a transcrição abaixo:

Item 1
Bem-aventurados os que choram, pois que serão consolados.

Bem-aventurados os famintos e os sequiosos de justiça, pois que serão saciados.

Bem-aventurados os que sofrem perseguição pela justiça, pois que é deles o reino dos céus.

(Mateus, 5:5-6 e 10)

Item 2

Bem-aventurados vós, que sois pobres, porque vosso é o reino dos céus.

Bem-aventurados vós, que agora tendes fome, porque sereis saciados.

Ditosos sois, vós que agora chorais, porque rireis.

(Lucas, 6:20-21)

Mas, ai de vós ricos, que tendes no mundo a vossa consolação.

Ai de vós que estais saciados, porque tereis fome.

Ai de vós que agora rides, porque sereis constrangidos a gemer e a chorar.

(Lucas, 6:24-25).

Quanto ao mais, leitor amigo, ficarei feliz se você observar, em relação a estas páginas, a orientação do apóstolo Paulo:

Examinai tudo, retende o que for bom. (1Ts, 5:21).

Bauru, maio de 2009
www.richardsimonetti.com.br
E-mail: richardsimonetti@uol.com.br

Para não
secar os ossos

Para religiosos pessimistas, *sofredores de carteirinha*, a Terra seria um imenso *vale de lágrimas*.

Estaríamos aqui para *comer o pão que o diabo amassou*.

Isso porque, explicavam os compenetrados teólogos medievais, Adão e Eva cometeram a imprudência de desobedecer ao Criador e nos roubaram a chance de morar no paraíso.

Pior: introduziram no Mundo o sofrimento e a morte.

Bem, leitor amigo, que o sofrimento está presente em todos os quadrantes é inegável.

Não estagiamos em colônia de férias, nem desfrutamos de viagem turística.

Segundo a definição da Doutrina Espírita, vivemos num *Planeta de Expiações e Provas*, onde a Dor, intransigente representante da Justiça Divina, insiste em cobrar nossas dívidas do passado e testar aquisições do presente.

Convivemos com males que se sucedem ao longo da existência, em vários aspectos: saúde, profissão, família, sociedade...

Nem por isso precisamos assumir carantonha atormentada.

...Não fique triste.
O mundo é bom.
A felicidade até existe...

Na simplicidade ingênua da letra, essa antiga música de Roberto Carlos e Erasmo Carlos exprime uma verdade.

Poderemos viver felizes e bem-humorados, desde que desenvolvamos concepção mais elevada acerca das misérias humanas, a partir de informações como as que Kardec nos oferece quando fala de Deus e da justiça das aflições, no item 3:

Ele necessariamente tem todo o poder, toda a justiça, toda a bondade, sem o que não seria Deus. Se é soberanamente bom e justo, não pode agir caprichosamente, nem com parcialidade.

Logo, as vicissitudes da vida derivam de uma causa e, pois que Deus é justo, justa há de ser essa causa.

Disso é o de que cada um deve compenetrar-se. Por meio dos ensinos de Jesus, Deus pôs os homens na direção dessa causa, e hoje, julgando-os suficientemente maduros para compreendê-la, lhes revela completamente a aludida causa, por meio do Espiritismo, isto é, pela palavra dos Espíritos.

Essas observações ensejam animadora reflexão:

Jesus nos apresenta Deus como um Pai infinitamente justo e misericordioso, que dá a cada um segundo suas obras.

E o Espiritismo nos explica o porquê das diferenças sociais, físicas, mentais e morais que convivem na Terra, as quais, aparentemente, contradizem a revelação de Jesus.

Ocorre que a vida não se desdobra como num cassino, onde dores e alegrias seriam distribuídas aleatoriamente pela *roleta da fortuna*.

Tais eventos estão inelutavelmente associados ao nosso comportamento.

Em relação aos males que enfrentamos, Kardec comenta longamente, nos itens 4 a 10, que há duas causas: atuais e anteriores.

***

Causas atuais.
Exprimem equívocos do presente.
Exemplo: nosso corpo.

Quem estuda fisiologia fica maravilhado com essa incrível máquina de peças vivas de que nos servimos para o trânsito na matéria densa, infinitamente mais complexa do que o mais sofisticado automóvel.

Ela nos permite utilizar valiosa bolsa de estudos na Escola da Reencarnação, sem a lembrança do passado, a fim de que superemos paixões e fixações que determinaram nossos comprometimentos.

O problema são os maus-tratos a que a submetemos, em vários aspectos.

• Alimentação.

Quando excessiva ou inadequada, altera a química orgânica, acumula gordura, provoca distúrbios gástricos, digestivos, circulatórios, hormonais...

• Exercício.

Vida sedentária é caminho da obesidade, da obstrução das artérias, da indisposição física...

- Repouso.
Déficit de sono traz cansaço, debilita o sistema imunológico, perturba a memória, favorece a evolução de doenças variadas.

- Vícios.
Fumo, álcool, drogas... Está suficientemente provado que provocam desarranjos variados, graves, degenerativos, aniquiladores.

- Sentimentos.
Prepotência, luxúria, pessimismo, ódio, rancor, ressentimento, mágoa, preguiça, desânimo, angústia... a lista iria longe. Pressionam nosso psiquismo, repercutindo na máquina física como contundentes agressões.

Esses fatores, somados, complicam a existência.

Culpamos o destino, a família, a sociedade, a Vida...

Há até quem culpe Deus!

No entanto, se bem observarmos, a origem está em nós mesmos, no comportamento, na maneira de ser.

O mais grave: tanto agredimos o corpo que retornamos extemporaneamente ao Além, como o motorista que interrompe viagem após fundir o motor do automóvel, em face de lamentável negligência.

A medicina do futuro será essencialmente profilática.

Antes de receitar medicamentos, que cuidam de efeitos, os médicos deverão identificar as causas no comportamento do paciente.

O que faz, o que pensa, o que sente, o que come, como se exercita, como dorme, como trabalha, como se relaciona com as pessoas; os sentimentos que cultiva...

E lhe prescreverão não só medicamentos, mas também atitudes, corrigindo a postura existencial para que a saúde se restabeleça.

***

Causas anteriores.

Dizem respeito a equívocos do passado, em pretéritas existências, gerando os males presentes, atendendo aos princípios de causa e efeito que nos regem.

Limitações físicas congênitas, mortes prematuras, enfermidades graves, família difícil, problemas financeiros, dificuldades profissionais e variadas outras situações, se não justificadas pelo *hoje*, têm sua origem no comportamento desajustado do *ontem*.

Atingem, não raro, pessoas caridosas, de bons princípios, que não fazem mal a ninguém.

Um confrade questionava:

– Fulano é tão bom, tão religioso... Por que enfrenta situação dessa natureza?

Outro comentava:

– Parece haver uma relação injusta, inversamente proporcional no destino das pessoas. Quanto melhores, maior a soma de males que enfrentam.

Dúvidas assim induzem à descrença.

Realmente, se considerarmos que Deus é a justiça perfeita, fica difícil explicar por que uns sofrem tanto, mormente quando bons; outros, tão pouco...

Só a reencarnação explica.

Concebendo que vivemos muitas existências na Terra, em processo de evolução, desbastando nossas imperfeições mais grosseiras; que colhemos na seara da Vida o que semeamos em existências passadas, é possível entender.

Conhecemos o homem bom que sofre hoje; não sabemos quem foi no pretérito, o que fez, em que se comprometeu.

Consideremos ainda que, em relação aos débitos cármicos, as cobranças são sempre compatíveis com nossa capacidade de resgate.

Natural, portanto, que Espíritos evoluídos, por sua própria iniciativa ao reencarnar, proponham-se a encarar os acertos da Vida em relação aos comprometimentos do passado, de forma ampla e profunda.

Ao invés de questionar:

Tão bom, por que enfrenta tais males?

Vamos ponderar:

Males tais, só alguém muito bom é capaz de enfrentar.

***

Ao tomarmos conhecimento dessa realidade apresentada pela Doutrina Espírita passaremos a viver de modo mais tranquilo e proveitoso.

Estaremos capacitados a duas providências essenciais:

Evitar, com prudência e comedimento, o que possa criar males nesta vida.

Aceitar, sem queixas e reclamações, males que geramos em vidas passadas.

Assim, leitor amigo, poderemos considerar que:

O mundo é bom.
A felicidade até existe.

Ajudará bastante se cultivarmos a alegria de viver, fundamental para a saúde do corpo e da alma, como está em Provérbios (17:22):

Coração alegre é bom remédio, mas espírito abatido faz secar os ossos.

Ingenuidade e esperteza

Se os Espíritos reencarnam, e consequentemente transitam do plano físico para o espiritual, e vice-versa, como justificar o crescimento da população mundial?

Éramos perto de trezentos milhões no início da Era Cristã.

Seremos oito bilhões em 2020.

De onde essa gente toda vem, se é sempre a mesma gente que vai?

Esse, amigo leitor, é o mais frequente questionamento dos que combatem o princípio das vidas sucessivas.

Há os ingênuos, que não se dão ao trabalho de estudar o assunto.

Pior os espertos que, embora conhecendo a resposta, faltam à verdade com a intenção de *dar um nó em nossos miolos.*

Segundo informações da Espiritualidade, por intermédio de médiuns confiáveis, como Chico Xavier, nosso planeta tem vinte e cinco bilhões de Espíritos que aqui desenvolvem experiências evolutivas.

Aproximadamente seis bilhões e setecentos milhões encarnados; os restantes, desencarnados.

Portanto, a população pode cumprir à vontade o *frutificai e multiplicai-vos* da gênese bíblica.

Enquanto não se exaurirem os recursos do planeta, sempre haverá gente de lá para cá aportar.

Ainda que, hipoteticamente, toda a população planetária reencarnasse, não haveria problema. Espíritos de outros mundos aqui aportariam, obedecendo à migração interplanetária, já que não são estanques suas coletividades.

E mais: nunca faltarão Espíritos para compor populações em qualquer estância do Universo, porquanto a Criação é infinita.

Diante de fariseus e saduceus orgulhosos da descendência de Abraão, João Batista, o precursor, dizia, significativamente (Mateus, 3:9):

Não penseis que basta dizer: temos por pai a Abraão.

Eu vos digo que destas pedras Deus pode suscitar filhos a Abraão.

Ilustrativo simbolismo.
Deus cria incessantemente Espíritos para povoar o Universo. São mais numerosos na vastidão do infinito do que os átomos que compõem o *mar de pedras* que há na Terra.
Sempre os teremos para aqui encarnar, se assim o Criador o desejar.

***

Indagará você, leitor amigo:
Por onde andam os perto de dezoito bilhões e trezentos milhões de moradores do Além?
Digo-lhe que depende da condição espiritual.
Essa população desencarnada estende-se em vários níveis, a partir da crosta terrestre.
Por aqui, *trombando* com os homens, há grande parcela de Espíritos que, libertando-se dos laços da matéria pelo fenômeno da morte, permanecem presos aos vícios e paixões que caracterizam o comportamento de muita gente.
Vivem como se encarnados fossem.
Convivem conosco, oprimindo-nos quando nos rendemos à sua influência.
Surpreendido ao tomar conhecimento dessa realidade, um amigo indagava:

– Se for tomar banho, serei visto por eles? Haverá outras indiscrições em minha intimidade? Depende de nós, de estarem abertas ou fechadas as portas de nosso lar a essas presenças indesejáveis.

Se o ambiente é desajustado; se há vícios e destemperos; se membros do agrupamento familiar não cultivam a oração e um sentido idealista de vida, fatalmente perderemos a privacidade.

Muitos problemas de saúde, desvios de comportamento, vícios e paixões surgem e se agravam a partir dessas invasões de *sem-tetos do Além*.

Se cultivarmos os valores do Cristo, no empenho de renovação, no esforço do Bem, estaremos resguardados.

Há o velho ditado:

Diz-me com quem andas e te direi quem és.

Invertendo a proposta, podemos aplicá-lo às influências espirituais:

Diz-me como és e te direi com quem andas.

***

Há a indefectível questão do esquecimento, sempre evocada quando se pretende embaraçar adeptos da reencarnação.

Se sofremos dores e dissabores relacionados com comprometimentos do pretérito, não seria mais fácil e coerente ter conhecimento deles?

Não estaríamos mais conformados, aceitando melhor as cobranças da Dor?

Puro engano.

Durante anos, visitei prisões e raramente encontrei alguém que julgasse justa sua condenação.

A maioria esperneia, revolta-se, cuida de fugir...

– Achei uma mala cheia de dinheiro, veio a polícia e me prendeu sob a alegação de que a havia roubado.

– Tropecei num cadáver ensanguentado e manchei minhas roupas. Não adiantou explicar. Condenaram-me por crime que não cometi!

– Bandidos perversos enfiaram-me num automóvel e me obrigaram a acompanhá-los num assalto. Absurdo ser acusado de mentor do bando!

– Estava amolando uma faca quando o *elemento* tropeçou e caiu sobre a lâmina, que entrou em seu peito e atingiu o coração.

Da mesma forma, imagino as pessoas recordando suas defecções do passado, a clamar aos céus:

– Não me conformo ter nascido com a língua presa, como se tivesse sido contumaz fofoqueiro. Afinal, na vida anterior nada fiz senão defender a verdade, revelando as faltas alheias.

– Deus foi injusto comigo, dando-me um corpo debilitado, braços frágeis. Logo eu, que na vida anterior defendia a justiça, ao espancar os que me contrariavam.

– Não entendo por que nasci impotente. Se cultivei a promiscuidade sexual, promovendo o adultério, apenas fazia a felicidade de mulheres frustradas no casamento.

Portanto, caro leitor, não vejo por que teríamos maior facilidade para enfrentar o resgate de nossos débitos, lembrando a origem deles.

***

Examinemos objetivamente a questão.

A família humana está na Terra há duzentos mil anos. Estimativa modesta, porquanto se calcula que o ser pensante surgiu há perto de um milhão de anos.

Estabelecida a média de cinco reencarnações a cada milênio, o que é, também, cálculo modesto, teríamos muita gente com centenas de mergulhos neste *vale de lágrimas*.

Mesmo Espíritos mais jovens certamente por aqui passaram em múltiplas existências, experiências variadas – homem, mulher, europeu, asiático, americano, africano, nas alternâncias evolutivas...

Quando é curto o intervalo entre reencarnações, o Espírito pode guardar fortes lembranças da personalidade anterior, algo perturbador, gerando terrível confusão em sua cabeça.

Imaginemos o que seria a sobreposição de incontáveis personalidades de vidas anteriores em nosso mundo íntimo.

Toda uma população convivendo na *caixa craniana*!

Não haveria juízo capaz de resistir.

***

Consideremos a oportunidade do recomeço:

Um homem é condenado por ter cometido atrocidades, criminoso famigerado.

Após anos de prisão, consciência desperta, atormenta-se pelos crimes praticados.

Ao deixar o presídio, qual seria o seu grande desejo, em relação ao assunto?

Ah! Se pudesse esquecer e começar tudo de novo, num lugar onde ninguém o conhecesse, nem o discriminasse pelo seu passado!...

É exatamente o que a reencarnação faculta, oferecendo-nos infinitas chances de reabilitação.

***

Há o problema da convivência entre desafetos.

Diz Kardec, quando aborda a questão do esquecimento do passado, no item 11:

Frequentemente, o Espírito renasce no mesmo meio em que já viveu, estabelecendo de novo relações com as mesmas pessoas, a fim de reparar o mal que lhes haja feito. Se reconhecesse as que odiara, quiçá o ódio se lhe despertaria outra vez no íntimo. De todo modo, ele se sentiria humilhado em presença daqueles a quem houvesse ofendido.

A sabedoria divina costuma reunir no lar desafetos do passado, a fim de que superem suas desavenças e se harmonizem diante das leis divinas.

Como ensaiaríamos reconciliação, se tivéssemos conhecimento dos males que nos fez o familiar de hoje, nosso inimigo ontem?

Seria impossível a convivência.
O esquecimento é uma bênção!

***

Kardec acrescenta, no mesmo item:

Para nos melhorarmos, outorgou-nos Deus, precisamente, o de que necessitamos e nos basta: a voz da consciência e as tendências instintivas. Priva-nos do que nos seria prejudicial.

Ao nascer, traz o homem consigo o que adquiriu, nasce qual se fez; em cada existência, tem novo ponto de partida.

Pouco lhe importa saber o que foi antes; se se vê punido, é que praticou o mal.

Suas atuais tendências más indicam o que lhe resta a corrigir em si próprio e é nisso que deve concentrar-se toda a sua atenção, porquanto, daquilo de que se haja corrigido completamente, nenhum traço mais conservará.

As boas resoluções que tomou são a voz da consciência, advertindo-o do que é bem e do que é mal e dando-lhe forças para resistir às tentações.

Esquecemos o passado, em nosso benefício, porém não perdemos o fruto de nossas experiências, a se manifestarem em tendências instintivas.

A maior facilidade com que exercitamos determinada atividade é fruto de vivências anteriores.

Não raro, são tão marcantes e persistentes, envolvendo milênios de aprendizado, que o reencarnante revela, desde a mais tenra infância, surpreendente vocação.

Tal acontece com as crianças geniais.

Noutro dia vi, num programa de televisão, uma japonesinha de apenas cinco anos, cega, tocando música erudita com desenvoltura. Espantoso!

Casos assim multiplicam-se na atualidade. Como explicar essa incrível precocidade, sem admitir que são Espíritos com largo aprendizado em vidas anteriores?

De qualquer ângulo que o apreciemos, leitor amigo, podemos constatar que o esquecimento é fruto da Misericórdia Divina.

Permite-nos cuidar do presente sem nos perturbarmos com o passado, em favor do futuro de bênçãos.

Pagar o carnê

Certamente você conhece, amigo leitor, a história de Poliana, a jovem orientada pela filosofia do *podia ser pior*, em livro homônimo de Eleanor H. Porter.

Quando menina, desejava ardentemente uma boneca.

Sem recursos, o pai fez um pedido à instituição beneficente.

Poliana aguardou com ansiedade.

Ao chegar um pacote, às vésperas do Natal, mal continha a emoção.

Ao ser aberto, grande foi sua frustração, porquanto, por engano, remeteram-lhe um par de muletas em lugar da sonhada boneca.

Vendo-a desolada e chorosa, o pai convidou:

— Minha querida, vamos fazer o *jogo do contente*.

— O que é isso, papai?

— É uma brincadeira para você animar-se sempre que algo a aborrecer.

– Como agora?
– Sim. Você tem boa razão para estar triste. Recebeu um par de muletas no lugar da boneca. Mas há razão ainda melhor para ficar feliz.
– Com um par de muletas?!
– Sim. A felicidade de não precisar usá-las.

Interessante esse jogo, amigo leitor.

Se estamos tristes por não ter vários pares de calçados, lembremos dos que não têm pés...

Se nos incomoda o uso de óculos, recordemos os que não enxergam...

Se nos aborrece a falta do automóvel, é pensar em gente imobilizada no leito...

Se não ganhamos tão bem quanto desejaríamos, evoquemos os desempregados...

A Doutrina Espírita propõe um *jogo* mais consistente.

Não se trata de buscar consolo em males alheios, mas de compreender que todos os males guardam justa origem.

Não houve engano dos poderes que nos governam ao remeter o pacote de nosso destino.

Nele está um *carnê* para pagamento parcelado de nossos débitos cármicos junto à Justiça Divina.

***

Nos itens 12 e 13 Kardec faz oportunos comentários a respeito. Destaco:

Por estas palavras: bem-aventurados os aflitos, pois que serão consolados, *Jesus aponta a compensação que hão de ter os que sofrem e a resignação que leva o padecente a bendizer do sofrimento, como prelúdio da cura.*
Também podem essas palavras ser traduzidas assim: deveis considerar-vos felizes por sofrerdes, visto que as dores deste mundo são o pagamento da dívida que vossas passadas faltas vos fizeram contrair; suportadas pacientemente na Terra, essas dores vos poupam séculos de sofrimentos na vida futura.
Deveis, pois, sentir-vos felizes por reduzir Deus a vossa dívida, permitindo que a saldeis agora, o que vos garantirá a tranquilidade no porvir.

Beleza, caro leitor!
Kardec explica que o *carnê* vem com largos descontos!
É só quitar com pontualidade as *prestações*, ao longo da existência, sem birra e sem fuga, e nos habilitaremos a um futuro de bênçãos.

Isso sem esquecer que o tempo para pagamento total do *carnê*, ao longo da existência, equivale a mera fração de segundo no relógio da eternidade.

***

O problema está nas complicações em que nos envolvemos.

Conheci um bancário, bom rapaz, trabalhador, educado, mas, lamentavelmente, perdulário. É o indivíduo que gasta compulsivamente, bem mais do que o fazem animadas senhoras em liquidação de *shopping*.

Como todo perdulário, contraiu dívidas acima de suas disponibilidades financeiras.

Cansados de suas desculpas, os credores procuraram o gerente do Banco onde trabalhava. Homem generoso, de bons princípios, resolveu ajudar o subalterno.

Foi feita uma composição de dívidas. Com autorização do devedor, seu salário foi bloqueado, em parte, para pagamento mensal aos credores. Em dois anos o problema estaria resolvido.

Tudo certo, não fosse pequeno detalhe: ignorando apelos de amigos e familiares, ele continuou com a gastança. Contraiu novas dívidas, complicou ainda mais sua situação e acabou demitido.

Algo semelhante ocorre em relação à jornada humana.

Perdulários do tempo, estamos sempre a ampliar débitos na contabilidade do Destino.

Cada vez que reencarnamos, a Justiça Divina nos permite uma *composição da dívida,* com amplos descontos concedidos pela Divina Misericórdia.

Fazem parte do *carnê* dores e problemas que, de permeio, limitam nosso *poder de compra,* isto é, cerceiam nossos impulsos inferiores, a fim de que não ampliemos nossos débitos.

O alcoólatra inveterado que cozinhou o fígado e desencarnou prematuramente, suicida inconsciente, reencarna com lesões no fígado e problemas envolvendo o aparelho digestivo.

O viciado em sexo virá com graves problemas congênitos nos órgãos genitais, inibindo a sensualidade.

O problema é que raros cumprem integralmente o planejado e, à maneira do perdulário, comprometem-se em novos débitos:

O amigo da *água que passarinho não bebe,* contido pelo destrambelho hepático, opta pelas drogas.

O viciado do sexo contorna as disfunções genésicas apelando para desvios da sexualidade.

Com isso, de existência em existência, o Espírito, ao invés de quitar seus débitos, aproveitando a composição misericordiosa da Justiça Divina, vai se complicando.

***

– Toma juízo, meu filho – diz o pai ao filho rebelde, comprometido em erros e vícios.
É exatamente essa a mensagem que Deus nos passa através do Espiritismo.
– Toma juízo!
O conhecimento espírita nos convida à reflexão, habilitando-nos a quitar o *carnê* de forma consciente e disciplinada, sem queixas nem arroubos perdulários que apenas aumentam nosso passivo, na contabilidade do destino.

Profilaxia da alienação

Dois pacientes conversam no manicômio:
– Sou Francisco de Assis!
– Como soube?
– Uma revelação!
– De quem?
– De Deus.
– Mentira! Nunca lhe falei nada disso!

Este é o clássico exemplo de doentes mentais afastados da realidade, a estagiar num mundo de fantasia.

Distúrbios graves dessa natureza, originários de acidente circulatório, senilidade, mal de Alzheimer e outros, situam-se por cobranças cármicas que o destino faz ao paciente e à família.

É o decantado resgate de débitos pretéritos, conforme ensina a Doutrina Espírita.

***

Comenta Kardec, no item 14:

...é certo que a maioria dos casos de loucura se deve à comoção produzida pelas vicissitudes que o homem não tem a coragem de suportar.

Interessante, leitor amigo.

O Codificador considera que a loucura, *na maioria dos casos,* é produzida pela inconformação diante de situações difíceis, como a morte de um ente querido, o desastre financeiro, a decepção amorosa, a doença grave, a solidão...

Se a tensão é muito grande, pela recusa em enfrentar os desafios existenciais, *fervem* os miolos, *derrete* a razão.

O mesmo ocorre com muitos recém-desencarnados.

Nas reuniões mediúnicas deparamos com entidades nessa lamentável condição.

Pouco afeitas à oração e à reflexão, mente prisioneira das ilusões da Terra, têm dificuldade para encarar as realidades do Além, estagiando na alienação.

***

Mais lamentável que a alienação mental, que atinge Espíritos encarnados e desencarnados, é a alienação existencial que lhe dá origem.

É o viver sem noção dos porquês da existência.

De onde viemos, o que estamos fazendo na Terra, para onde vamos?

Fiz certa feita pesquisa junto a colegas de trabalho, com destaque para a seguinte pergunta: qual o objetivo da Vida?

Pasme, leitor amigo! A maioria, mesmo dentre os que se diziam religiosos, não soube responder!

Pergunto-lhe: como pode alguém viver de forma disciplinada, corajosa, espiritualizada, na Terra, se não sabe a que veio?

Por isso as pessoas desajustam-se diante das vicissitudes, ficam doentes, atribuladas, infelizes, nervosas, desembocando, não raro, em transtornos mentais que podem culminar na alienação.

***

A teologia tradicional informa que nossa alma foi criada por Deus no momento da concepção e que a felicidade futura vai depender de cumprirmos o que o Criador espera de nós.

No curtíssimo espaço de alguns decênios decidiremos o nosso futuro *para sempre*.

É complicado, porquanto não somos todos iguais.

Não temos o mesmo caráter, as mesmas disposições, a mesma inteligência, as mesmas virtudes...

Não temos a mesma compreensão da Vida.

Há gente boa e gente ruim; gente inteligente e gente obtusa; gente crente e gente descrente; gente virtuosa e gente viciosa; gente altruísta e gente egoísta...

Gente *do Bem* e gente *do Mal*.

Será que Deus nos fez assim, com tão gritantes diferenças, como se tivesse criado uns para a salvação e outros para a perdição?

Tais dúvidas induzem ao amornamento da crença e, não raro, à descrença.

Por isso, habituam-se as pessoas a viver sem questionamentos, preferindo o imediatismo terrestre às cogitações celestes.

***

O Espiritismo nos ajuda a superar a alienação existencial, a partir da fé racional, como propõe Kardec, compromissada com a lógica e o bom senso.

Somos Espíritos imortais.

Vivenciamos múltiplas experiências no passado.

Vivenciaremos incontáveis experiências no futuro.

Aprenderemos sempre, rumo a gloriosa destinação.

Seremos Espíritos puros e perfeitos, integrados na harmonia do Universo, prepostos de Deus, co-participantes na Criação.

Cada um de nós tem uma idade espiritual e nossa personalidade, facilidades e limitações, tendências boas ou más, é o somatório do que *aprontamos* no passado.

Vicissitudes, problemas e dissabores que enfrentamos guardam idêntica origem.

Tanto melhor os enfrentaremos quanto maior a nossa confiança em Deus e a disposição de lutarmos contra milenárias imperfeições, buscando fazer o que o Senhor espera de nós.

É o que destaca Kardec, na sequência do citado item 14, ao reportar-se a alguém diante das atribulações da Terra:

Se, pois, pela maneira como o Espiritismo lhe faz encarar as coisas deste mundo, ele recebe com indiferença, com alegria mesmo, os reveses e as decepções que o desesperariam em outras circunstâncias, é evidente que essa força, que o coloca acima dos acontecimentos, preserva sua razão dos abalos que, sem ela, o conturbariam.

Perfeito! Encarar os desafios do caminho, na jornada da Vida, com as lentes do Espiritismo, é a melhor maneira de não tropeçarmos na alienação.

Pode parecer exagero receber *mesmo com alegria, os reveses e as decepções...*

Difícil rir na dor ou festejar na frustração.

Mas não seria essa a postura lógica de alguém que resgata uma dívida?

Se chorar diante do credor, não haverá de ser pela euforia de liquidar o débito?

E se difícil nos parece chegar a tanto, diante da adversidade, que pelo menos preservemos a sanidade física e espiritual, cultivando bom ânimo.

***

Assim como são necessários compostos vitamínicos diários para suprir determinadas deficiências orgânicas, é importante, indispensável mesmo, que fortaleçamos a alma com a leitura e a reflexão em torno das ideias que Kardec, sabiamente, desenvolve em *O Evangelho segundo o Espiritismo,* sob inspiração dos mentores espirituais.

Somente assim teremos condições para, em todas as situações, conservarmos a saúde espiritual, indispensável ao perfeito aproveitamento da jornada humana, mantendo um dos dons mais preciosos da Vida: a segurança no viver.

Por falar nisso, leitor amigo, já tomou sua *vitamina evangélica* hoje?

Da covardia à coragem

Richard Dawkins, popular escritor de ciência britânico, professor da Universidade de Oxford, proclama em seu livro *Deus – Um delírio:*

A hipótese da existência de Deus é tão improvável quanto uma rocha se transformar numa pessoa.

Frase de efeito, sem maiores consequências, não fosse o fato de que meu xará é considerado um dos maiores intelectuais da atualidade, com grande poder de persuasão, a inocular o materialismo na mente de seus leitores, com argumentação aparentemente sólida sobre a inexistência de um Criador.

Digo *aparentemente* porquanto a razão nos diz que não há argumento capaz de se contrapor à resposta do mentor espiritual, questão número 4, em *O Livro dos Espíritos*.

Pergunta Kardec:
Onde se pode encontrar a prova da existência de Deus?

Resposta:
Num axioma que aplicais às vossas ciências: não há efeito sem causa. Procurai a causa de tudo o que não é obra do homem e a vossa razão vos responderá.

Comenta Kardec:
Para crer em Deus basta lançar os olhos sobre as obras da Criação. O Universo existe, logo tem uma causa. Duvidar da existência de Deus seria negar que todo efeito tem uma causa e avançar que o nada pode fazer alguma coisa.

Perfeito!

Que o Universo é um efeito inteligente não padece dúvida, tanto que muitos cientistas e filósofos o veem como uma grande máquina de funcionamento impecável.

Forçoso, portanto, admitir um Criador, um artífice, assim como o relógio impõe a existência do relojoeiro.

O curioso é que a própria teoria evolucionista de Darwin, que Dawkins nos enfia goela abaixo para justificar seu ateísmo, confirma a existência de Deus.

Há que existir uma inteligência por trás dessa prodigiosa, inconcebível façanha de fazer surgir a Vida na Terra, a partir de reações químicas em compostos primários, a multiplicar-se em incontáveis espécies animais e vegetais, evoluindo sempre, culminando com o aparecimento do Homem, o ser pensante.

– Ah! – dirá o materialista – tudo está em a Natureza, obedecendo às leis que a regem.

Raciocínio torto, leitor amigo.

Admitindo que haja leis que regem a Natureza, pergunta-se: quem as instituiu? Quem as sustenta?

É só usar o bom senso para perceber que a presença de um Criador se impõe, por mais sofisticados sejam os raciocínios dos que pretendem justificar a existência do ovo sem a galinha, do Universo sem Deus.

***

O grande problema é que, como diz a sabedoria popular, *para aquele que crê nenhuma prova é necessária; para o que não crê, nenhuma prova é suficiente.*

E na medida em que a Humanidade segue pelo perigoso caminho da Ciência sem Deus, amplia-se o número dos que afundam no materialismo, com perturbadora concepção de que a vida termina no túmulo.

Isso é péssimo.

Sem a consciência de que há um Ser Supremo, infinito em seus atributos, que tudo vê e tudo pode, a premiar nossas virtudes e corrigir nossos desvios; sem a certeza de que a vida projeta-se além da sepultura, na dimensão espiritual, não há por que cultivar virtudes e conter mazelas. Melhor cuidar da satisfação do presente, sem cogitar de consequências futuras.

E se a vida se complica, problemas se avolumam, dores se instalam, a solução simplérrima: Mate-se!

Os índices crescentes de suicídios, que preocupam os governos no mundo todo, têm, em boa parte, sua origem nessas concepções materialistas.

Comenta Kardec, no item 15:

...para o que não crê na eternidade e julga que com a vida tudo se acaba, se os infortúnios e as aflições o acabrunham, unicamente na morte vê solu-

ção para as suas amarguras. Nada esperando, acha muito natural, muito lógico mesmo, abreviar pelo suicídio suas misérias.

É o que fazem os Espíritos obsessores, a incutir em suas vítimas a enganosa solução.
– Por que sofrer? Ponha fim à sua vida!

***

No item 16, Kardec comenta que as ideias materialistas incitam à *covardia moral*.
Realmente, não deixa de ser ato de covardia a fuga aos compromissos da existência humana.
Considere, leitor amigo, que a bênção da Vida não é gratuita.
O instinto de conservação sinaliza elementar dever: permanecermos vivos, sejam quais forem os obstáculos e dissabores do caminho.
O problema é que disso não cogita aquele que supõe ser a existência mera consequência da combinação fortuita de elementos químicos.

Kardec fala do comprometimento dos homens de ciência:

A propagação das doutrinas materialistas é, pois, o veneno que inocula a ideia do suicídio na maioria dos que se suicidam, e os que se constituem apóstolos de semelhantes doutrinas assumem tremenda responsabilidade.

Imagino a posição de intelectuais como Dawkins. Quantos suicídios não lhes serão debitados como consequência de ideias negativas que propagam, a matar a esperança?

Se não há a compensação pelos males do presente, se tudo acaba na sepultura, como pretendem, para que viver?

***

À *covardia moral* deve contrapor-se a *coragem moral*.

Essa expressão, também usada por Kardec, define a disposição de enfrentar os percalços da existência sem cogitações infelizes, a partir de realidades apresentadas pela Doutrina Espírita:

Deus é o Pai de Amor e Misericórdia revelado por Jesus, que trabalha incessantemente pela felicidade de seus filhos.

Há uma razão para os sofrimentos humanos, decorrentes de nossas imperfeições do presente, de nossos comprometimentos do passado.

A vida continua em outros planos do Infinito, onde será premiada a coragem e condenada a covardia.

***

As religiões enfatizam a inconveniência do suicídio.

Trata-se, segundo a teologia tradicional, de pecado mortal tão grave que o suicida irá diretamente para as caldeiras infernais.

Inúteis, portanto, as orações em seu benefício.

No passado, não tinham os suicidas nem mesmo direito ao cemitério. Eram sepultados em caminhos ermos.

Não obstante, um fato curioso, leitor amigo: a maioria das pessoas que se suicidam não é alheia aos princípios religiosos.

Frequentam igrejas, acreditam em Deus, ouvem falar das consequências do suicídio.

O problema é a contradição entre a concepção espiritualista e o comportamento materialista, que envolve a maioria dos crentes.

Admitem a existência de Deus e a sobrevivência da alma, mas comportam-se como se a vida se resumisse a algumas dezenas de anos, terminando na sepultura.

É que possuem fé insegura, porquanto experimentam dificuldades para admitir as fantasias concebidas e sustentadas pela especulação teológica.

É o crente descrente, ou o crente que precisa ver para crer, como ocorreu com Tomé em relação à ressurreição de Jesus.

Só que o suicida paga preço muito alto para *crer* com base no *ver in loco* que a vida continua.

Não será boa nem agradável a visão das regiões umbralinas, de intenso sofrimento, nas quais são confinados os que incorrem na *covardia moral*.

***

No item 17, Kardec demonstra que o Espiritismo supera a barreira da crença descrente.

À semelhança de Jesus, que se materializou diante de Tomé para quebrar sua incredulidade, a Doutrina nos coloca diante dos mortos, no processo mediúnico, sem necessidade de contato *in loco,* pela porta traumática do suicídio.

Já não se trata de crer na sobrevivência, mas de saber, pela experiência mediúnica, que a Vida continua.

E dentre as certezas que a Doutrina nos oferece, quanto aos inconvenientes do suicídio, há uma bastante significativa, a que Kardec faz referência:

...o suicídio é um obstáculo a que no outro mundo ele se reúna aos que foram objeto de suas afeições e aos quais esperava encontrar.

É outro aspecto interessante, leitor amigo.

Há os que, acreditando na imortalidade, alimentam louca ideia de que morrendo irão encontrar os entes queridos que os precederam.

Lembro a história daquela senhora que, amando profundamente o marido recém-desencarnado, cogitou de matar-se para ir ao seu encontro.

Com a bênção da Doutrina Espírita pôde conversar com ele numa reunião mediúnica, antes de cometer tal insanidade.

Sem que o médium soubesse de suas intenções, ouviu o marido dizer-lhe que estava muito saudoso dela, que a esperava com ansiedade, mas que jamais pensasse em partir pela porta falsa do suicídio.

Semelhante desatino apenas a precipitaria num abismo de sofrimentos, mantendo-os indefinidamente separados.

***

É em face de abençoados contatos dessa natureza que Kardec encerra o assunto, dizendo:

Comparando-se, então, os resultados que as doutrinas materialistas produzem com os que decorrem da Doutrina Espírita, somente do ponto de vista do suicídio, forçoso será reconhecer que, enquanto a lógica das primeiras a ele conduz, a da outra o evita, fato que a experiência confirma.

Quanto a Dawkins, leitor amigo, saberá um dia que Deus não é mera hipótese, e é tão palpável sua existência quanto o *fato* de que algo indevassável ao olhar humano, numa rocha, há de se transformar no ser pensante, como ensina Léon Denis ao cogitar das origens do Espírito:

O Espírito dorme no mineral, sonha no vegetal, agita-se no animal e desperta no homem.

A dor que não redime

Na extensa fila de recém-desencarnados, à espera de uma definição quanto ao seu futuro, dois Espíritos conversavam sobre suas experiências.
– Fui casado, deixei esposa e dois filhos.
– Interessante, eu também.
– Tive câncer no estômago.
– É muita coincidência. Foi o mal que me matou.
– Então sabe como é sofrido esse final de existência.
– Nem me fale!
– Lutei por três anos contra a doença, submetendo-me a tratamentos diversos.
– Sei bem o que é isso. Também penei por três anos.
– Desencarnei relativamente novo, com apenas 63 anos.
– Parece brincadeira! É o cúmulo da coincidência, porquanto também estou retornando nessa idade.

— Incrível! Duas biografias idênticas!

— É verdade. Não sei para onde vamos mas, certamente, estagiaremos no mesmo lugar, que há de ser bom. Jesus ensinava que os sofredores estão destinados ao Céu.

— Deus o ouça!

A fila andou. Viram-se os gêmeos nas dores diante de São Pedro, na portaria do Além.

Após examinar detidamente a ficha do primeiro, o porteiro celeste o convidou a tomar o elevador sideral e subir para o Céu.

O segundo, animado, preparou-se para idêntico destino.

Para sua surpresa, o santo determinou:

— O elevador irá para baixo, levando-o ao purgatório.

O *condenado* logo reclamou:

— Creio haver um engano. Meu companheiro tem ficha absolutamente idêntica à minha. Sofreu o mesmo que eu e foi para o Céu.

São Pedro, imperturbável, informou:

— Sim, mas há um detalhe. Ele nunca reclamou.

***

Esta pequena alegoria ilustra a afirmativa do Espírito Lacordaire, no item 18:

... Poucos sofrem bem; poucos compreendem que somente as provas bem suportadas podem conduzi-los ao reino de Deus. O desânimo é uma falta. Deus vos recusa consolações, desde que vos falte coragem. A prece é um apoio para a alma; contudo, não basta: é preciso tenha por base uma fé viva na bondade de Deus.

Atenção, leitor amigo!

O mentor espiritual está dizendo com todas as letras que não basta sofrer para habilitar-se a futuro feliz.

É preciso sofrer com *finesse*, sem murmúrios, sem queixas, sem revolta nem desespero.

***

Um confrade teve grave infecção que lhe provocou pústulas da cabeça aos pés.

O médico lhe explicou tratar-se de um processo natural e saudável, embora doloroso. O corpo estava expelindo impurezas, depurando-se.

Além da medicação específica, recomendou-lhe rigoroso regime, evitando certos alimentos que provocariam recrudescimento dos sintomas, dificultando a recuperação.

Espiritualmente falando, há enfermidades que guardam função semelhante. *Depurativos da alma*, são válvulas de escoamento de impurezas espirituais. Põem para fora os desajustes que provocamos com comprometimentos morais em existências anteriores.

Para que nos recuperemos sem delongas, é fundamental o *regime espiritual*, evitando sentimentos negativos, expressões de revolta e inconformação, que recrudescem o mal sem reduzir o desajuste.

Geram dores que não redimem.

Apenas prolongam nossos padecimentos.

***

A propósito do assunto, diz o assistente Silas, no livro *Ação e Reação*, de André Luiz, psicografia de Francisco Cândido Xavier:

Quando a nossa dor não gera novas dores e nossa aflição não cria aflições naqueles que nos rodeiam, nossa dívida está em processo de encerramento.

Muitas vezes, o leito de angústia entre os homens é o altar bendito em que conseguimos extinguir compromissos ominosos, pagando nossas contas, sem que o nosso resgate a ninguém mais prejudique.

Quando o enfermo sabe acatar os Celestes Desígnios, entre a conformação e a humildade, traz consigo o sinal da dívida.

Imaginemos o paciente revoltado, neurótico, conturbando o relacionamento familiar, criando confusão, e teremos uma ideia sobre o assunto.

Não está resgatando dívidas. Apenas as amplia, infernizando os familiares.

Quando ocorre seu falecimento, amigos que conhecem o drama confortam a família:

– Finalmente sossegou...

O respeito humano os impede de completar:

– ...e lhes deu sossego!

O pior é que nem sempre isso acontece.

O doente impertinente, agitado, converte-se em *alma penada*, que, não raro, continua a perturbar os familiares.

Conversei certa feita com um Espírito que se mostrava indignado com o comportamento dos filhos:

– São uns ladrões! Arranjaram uma procuração falsa e estão apossando-se de meus bens.

Não percebeu que havia morrido e que os filhos efetuavam o inventário.

Outro reclamava, revoltado:

— Minha esposa está traindo-me no meu próprio lar!

Igualmente ignorante de seu estado desencarnado, não percebeu que a esposa, após cinco anos de viuvez, casara-se em segundas núpcias.

Diga-se de passagem, leitor amigo, foi uma demonstração de coragem.

Casar-se novamente, após *comer o pão que o diabo amassou* com um marido desse naipe, é mesmo o triunfo da esperança sobre a experiência!

***

Se queremos ficar em paz no Além, é preciso cultivar a paz aqui, principalmente nas cobranças cármicas, evitando, com todas as forças da alma, que indesejável rebeldia imponha sofrimentos desnecessários aos familiares.

Ante a certeza de que um dia fatalmente retornaremos ao Mundo Espiritual, um ideal deveria nortear-nos a existência:

Sejamos lembrados como alguém que enfrentou com dignidade sua provação, sem lamúrias, sem rebeldia.

Sobretudo, sem impor sofrimentos indevidos aos familiares, comprometedores para nós.

Pessimismo ou realismo?

Será a Terra um lugar de gozo, um paraíso de delícias?
Já não ressoa mais aos vossos ouvidos a voz do profeta?
Não pronunciou ele que haveria prantos e ranger de dentes para os que nascessem nesse vale de dores?
Esperai, pois, todos vós que aí viveis, causticantes lágrimas e amargo sofrer e, por mais agudas e profundas sejam as vossas dores, volvei o olhar para o Céu e bendizei o Senhor por ter querido experimentar-vos...

Este o início da manifestação registrada no item 19, assinada por nada menos que Santo Agostinho (354-430), o ilustre Bispo de Hipona, canonizado pela Igreja Católica.

Sua filosofia, inspirada na cultura grega, influenciou amplamente a teologia cristã medieval.

Agostinho foi um dos mentores que orientaram Kardec. Mensagens suas estão nos três principais livros da Codificação: *O Livro dos Espíritos, O Evangelho segundo o Espiritismo* e *O Livro dos Médiuns.*

Para efeito de identificação, Kardec conservou a adjetivação *santo,* precedendo seu nome.

***

Um confrade costuma reclamar:

— Agostinho é extremamente pessimista. Situa a Terra como um vale de lágrimas, onde enfrentamos causticantes dores. Muito mórbido para meu gosto!

Considerando que os Espíritos superiores jamais são pessimistas, vejamos em suas observações o parecer de alguém que simplesmente contempla a realidade.

Há diferenças fundamentais entre o pessimista e o realista.

O primeiro tem visão limitada.
Vive a tropeçar nas pedras do caminho.

O segundo possui visão abrangente.
Caminha com segurança, sem deter-se nos obstáculos.

Li, certa feita, num almanaque, ilustrativo pensamento:

O pessimista é alguém que reclama do barulho quando a sorte lhe bate à porta.

Definição perfeita!
Quanto ao realista, é aquele que enxerga a perspectiva feliz do barulho à porta.

***

Uma historinha a respeito, amigo leitor:
Um pessimista que luta com dificuldades financeiras apavora-se quando a esposa informa que ficou grávida do terceiro filho, não obstante o uso de contraceptivos.
– Oh! Meu Deus! Não é possível! Mais encargos, mais problemas! Estou *frito!*
E deixa-se dominar pelo desânimo, com péssima vibração sobre o reencarnante, que registrará sua rejeição.

Essa desastrada *recepção* fatalmente repercutirá de forma negativa em sua personalidade, impondo-lhe dificuldades indesejáveis.

Isso sem falar na esposa, que terá de suportar por bom tempo ácidas críticas quanto ao seu *descuido*, conturbando o lar.

O realista reagirá diferente:

– Vai complicar, sem dúvida. Não obstante, se Deus enviou-nos mais um filho, mesmo conhecendo nossas dificuldades, e *driblando* o planejamento familiar, certamente há razões para isso. O Senhor me ajudará a desenvolver iniciativas que permitam atender às necessidades da família.

E tratará de receber muito bem o Espírito que está chegando, envolvendo-o em vibrações de carinho e atenção para que se sinta amado e desejado, sem repercussões negativas em relação ao seu futuro.

Um dia ficará sabendo que a gravidez da esposa foi o *barulho da sorte a bater em sua porta.*

Virtuoso membro de sua família espiritual estava reencarnando para apoiar o casal em sérios problemas de saúde que a velhice lhes reservava, atendendo a resgate cármico por eles mesmos planejado.

***

O propósito de Santo Agostinho não é colocar-nos *para baixo*, quando situa a Terra como um *vale de lágrimas*.

Apenas nos adverte que sofrimentos e dores são inerentes a Planetas de Expiação e Provas, instrumentos indispensáveis de evolução em nosso atual estágio.

E explica:

Quando desencarnados, quando pairáveis no Espaço, escolhestes as vossas provas, julgando-vos bastante fortes para as suportar.
Por que agora murmurar?

Perfeito! Ninguém sofre sem merecer, e geralmente escolhemos as experiências difíceis na jornada humana, em favor de um futuro feliz.

Por que, portanto, reclamar? Por que desanimar?

Um jovem estudou muito, preparando-se para concurso público relativo a serviço de excelente remuneração.

Aprovado, tomou posse em remoto vilarejo no interior do Amazonas.

Desde então passou a reclamar, em lamuriosas correspondências aos pais, que não suportava viver ali. As condições eram precárias, sem nenhum conforto, sem telefone, sem água encanada, sem televisão, calor abrasante, mosquitos impertinentes, chuvas intermináveis...

– Não seria melhor pedir demissão? – choramingava.

A mãe, inspirada em arroubos do coração, incorporou o pessimismo do filho e considerou que ele deveria retornar imediatamente.

O pai, mais racional, ponderava tratar-se de compensador sacrifício a garantir-lhe futuro financeiramente privilegiado. Insistia que não pedisse demissão, convencendo-o a enfrentar o desafio.

Passados alguns anos, cumprido o estágio exigido, promovido e feliz, o jovem retornou à cidade natal.

Diariamente agradecia a Deus pelo bom senso do genitor.

***

Qualquer estudioso da Doutrina Espírita confirmará as palavras de Santo Agostinho.

Vivemos num planeta de expiações e provas, habitado por Espíritos orientados pelo egoísmo, *vestindo armadura* que inibe nossas percepções e dificulta nossa movimentação.

E costuma "enguiçar", causando-nos problemas.

Há uma tal identidade entre viver e sofrer, na Terra, que Francisco Otaviano, em magistral poema filosófico, proclama:

Quem passou pela vida em branca nuvem
E em plácido repouso adormeceu;
Quem não sentiu o frio da desgraça,
Quem passou pela vida e não sofreu,
Foi espectro de homem – não foi homem,
Só passou pela vida – não viveu!

O que Agostinho pretende é que não devemos nos iludir, condicionando nossa felicidade à ausência da dor.

Ela é própria do planeta em que vivemos. Aqui sofremos todos, moralmente, socialmente, fisicamente...

Portanto, se aspiramos à felicidade, não a condicionemos à ausência de males inerentes ao nosso mundo.

Encarando essa realidade é preciso aprender a procurar a felicidade não na satisfação de nossos desejos diante da Vida, mas no desejo de compreender o que a Vida espera de nós.

***

A partir da realidade proposta pela Doutrina Espírita, diz Santo Agostinho:

A fé é o remédio seguro do sofrimento; mostra sempre os horizontes do infinito diante dos quais se esvaem os poucos dias brumosos do presente.
Não nos pergunteis, portanto, qual o remédio para curar tal úlcera ou tal chaga, para tal tentação ou tal prova.
Lembrai-vos de que aquele que crê é forte pelo remédio da fé e que aquele que duvida um instante da sua eficácia é imediatamente punido, porque logo sente as pungitivas angústias da aflição.

Certíssimo!
A fé, que poderíamos definir como confiança plena na presença de Deus em nossa vida, permite-nos *tirar de letra* as provações, conscientes de que o Senhor Deus nos reserva sempre o melhor.

Melhor ainda é a fé estribada na razão, exercitando a visão da realidade, como propõe Kardec, a partir dos princípios espíritas.

Eles enfatizam que atribulações terrestres fazem parte do projeto de nossa evolução; são abençoadas *lixas grossas* a desbastarem imperfeições mais grosseiras, depurando nossa alma.

Não há, portanto, por que encarar de forma pessimista as atribulações humanas, se delas necessitamos para evoluir.

É *tocar o barco,* sem esmorecimento.

A propósito, leitor amigo, um pensamento ilustrativo de William George Ward:

O pessimista se queixa do vento.
O otimista espera que ele mude.
O realista ajusta as velas.

Mesmo contra o vento da adversidade, é possível avançar com segurança pelos mares da Vida, simplesmente ajustando os velames existenciais com a manivela da fé.

É muito simples

Não sou feliz! A felicidade não foi feita para mim! É o que diz geralmente o homem em todas as posições sociais. Isso prova, melhor do que todos os raciocínios possíveis, a verdade desta máxima do Eclesiastes: A felicidade não é deste mundo.

Com efeito, nem a riqueza, nem o poder, nem mesmo a florida juventude são condições essenciais à felicidade.

Digo mais: nem mesmo reunidas essas três condições tão desejadas, porquanto, incessantemente, se ouvem, no seio das classes mais privilegiadas, pessoas de todas as idades se queixarem amargamente da situação em que se encontram.

Estas observações constam de manifestação registrada no item 20, assinada por François-Nicolas-Madeleine, cardeal Morlot (1795-1862), importante prelado católico, arcebispo de Paris.

Leia a manifestação por inteiro, leitor amigo, e constatará que as virtudes eram compatíveis com seus títulos, justificando a honra de participar da codificação da Doutrina Espírita, logo após o retorno à Vida Espiritual.

Ele se reporta a algo que qualquer pessoa de bom-senso pode constatar: não existe a felicidade em plenitude na Terra, até porque seria uma incoerência.

Não estagiamos em celeste paraíso.

A Terra está mais para purgatório, como podemos depreender das observações de Santo Agostinho, em texto registrado no capítulo anterior.

***

Concebem alguns psicólogos interessante ideia: o anseio de felicidade seria um truque da Natureza, que nos faz pensar, trabalhar, estudar, produzir, casar, ter filhos... Sempre objetivando essa suprema realização.

Lembra a imagem do burro diante da cenoura pendurada à sua frente, numa vara presa à carroça que vai puxando, movido pela ânsia de alcançá-la.

Podemos, de vez em quando, com o balanço da *carroça existencial*, dar uma mordiscada na cenoura – conseguir algo do que desejamos, mas não podemos nunca abocanhar a cenoura inteira, o que equivaleria a perder o estímulo para novas realizações.

Conclusão: não é interessante alcançar a felicidade em plenitude.

Cairíamos na inércia, marcando passo nos caminhos da evolução.

***

Talvez o problema maior esteja no fato de que nem mesmo conseguimos definir com precisão o que é a felicidade.

Não raro, julgando caminhar em sua direção, desembocamos no extremo oposto – a infelicidade.

Dentre esses caminhos equivocados, o cardeal Morlot cita três, que devem merecer atenção: riqueza, poder e juventude.

Analise comigo, leitor amigo.

Riqueza.

As pessoas dizem, jocosamente: *Dinheiro não traz felicidade, manda buscar.*

Em princípio parece verdadeiro. Quem herda uma fortuna ou acerta a mega-sena acumulada, experimenta alto nível de satisfação, antessala da felicidade.

No entanto, pesquisas demonstram que logo retorna aos níveis costumeiros, automaticamente. Pior: não raro, o rico tem tantas preocupações com a administração de seus bens, que resvala para patamares inferiores de inquietação, porta fechada para a satisfação.

Poder.
Vamos simplificar a expressão, situando-a como a capacidade de mandar nas pessoas.

Suprema realização seria o absolutismo monárquico do passado. Os reis eram situados como representantes divinos para gerir os destinos dos súditos, até com poder de vida e morte sobre eles. Palavra de rei era a vontade de Deus.

Hoje as pessoas devem contentar-se com menos. Mandar na família, por exemplo.

O problema é que nos tempos atuais, de expansão da liberdade individual, fica complicado governar cônjuge e filhos, sempre dispostos a cometer a ousadia de não acatar nossas ordens, furtando-se às nossas expectativas.

Se a pessoa espera demasiado da família, querendo moldá-la às suas conveniências, vai *quebrar a cara*.

É preciso respeitar o direito de cada um ser o que é, e o melhor que podemos fazer, no sentido de mudar algo do cônjuge e filhos, é mudar a nós mesmos, oferecendo o padrão do que julgamos o comportamento ideal.

Hoje, como ontem e sempre, a melhor influência é a do exemplo.

Juventude.

Define Goethe, o grande poeta e escritor alemão:

A juventude é a embriaguez sem vinho.

Perfeito! Podemos considerar essa embriaguez sob dois aspectos:

A inconsequência que marca o jovem, empenhado em usufruir do momento que passa, das noitadas alegres que hoje começam no horário em que deviam terminar; do *ficar,* o prazer sem compromisso dos relacionamentos amorosos fugazes, do sexo sem amor; da busca do paraíso nas drogas...

Por outro lado, a insegurança de quem *balança* na indefinição do próprio futuro, em relação à profissão e ao lugar que deve ocupar na vida social.

Os anseios viram receios, e fica a felicidade para o futuro, quando se formarem, quando obtiverem sucesso na profissão, quando se casarem, quando tiverem filhos, quando se aposentarem, quando...

***

Teólogos medievais ensinavam que somente no Céu, o paraíso das almas eleitas, é possível a felicidade perfeita, em contemplação eterna.

Tenho minhas dúvidas, porquanto há de ser muito enjoado um lugar assim, sem chance para a felicidade.

No rescaldo dessas cogitações, resta a ideia fundamental, básica, de quem veio até nós justamente para nos mostrar o caminho da felicidade: Jesus.

Relata o evangelista Lucas (17:20-21):

E, interrogado pelos fariseus sobre quando havia de vir o reino de Deus, respondeu-lhes Jesus: O reino de Deus não vem com aparência exterior.

Nem dirão: Ei-lo aqui, ou: Ei-lo ali; porque eis que o reino de Deus está dentro de vós.

Ensina Morlot que a felicidade perfeita não existe na Terra, este eficiente estabelecimento de ensino, que funciona também como severo purgatório ou tormentoso inferno para os alunos rebeldes.

Realmente, seremos sempre felizes fracionariamente, digamos, quando consideradas as condições do Mundo em que vivemos.

Não obstante, seremos felizes por inteiro no mundo que construirmos na intimidade de nossas almas, a partir do momento em que estivermos dispostos a cumprir o que Deus espera de nós.

É tão simples, amigo leitor, que só o egoísmo exacerbado, entranhado em nosso ser, nos impede de isso entender e cumprir.

O que Nosso Pai espera de nós, como não se cansou de ensinar Jesus, é que nos amemos uns aos outros e façamos pelo próximo exatamente o que gostaríamos que o próximo fizesse por nós.

Mortes prematuras

Quando a morte ceifa nas vossas famílias, arrebatando, sem restrições, os mais moços antes dos velhos, costumais dizer: Deus não é justo, pois sacrifica um que está forte e tem grande futuro e conserva os que já viveram longos anos cheios de decepções; pois leva os que são úteis e deixa os que para nada mais servem; pois despedaça o coração de uma mãe, privando-a da inocente criatura que era toda a sua alegria.

Humanos, é nesse ponto que precisais elevar-vos acima do terra-a-terra da vida, para compreenderdes que o bem, muitas vezes, está onde julgais ver o mal, a sábia previdência onde pensais divisar a cega fatalidade do destino.

Por que haveis de avaliar a justiça divina pela vossa?

Podeis supor que o Senhor dos mundos se aplique, por mero capricho, a vos infligir penas cruéis?

Nada se faz sem um fim inteligente e, seja o que for que aconteça, tudo tem a sua razão de ser.

Se perscrutásseis melhor todas as dores que vos advêm, nelas encontraríeis sempre a razão divina, razão regeneradora, e os vossos miseráveis interesses se tornariam de tão secundária consideração, que os atiraríeis para o último plano.

Temos aqui, no item 21, o início de uma manifestação do Espírito Sanson, que foi membro da Sociedade Espírita de Paris, portanto um colaborador encarnado e, depois, desencarnado, na obra da Codificação.

Se estabelecêssemos uma gradação para as dores morais que afligem os seres humanos, certamente a mais intensa, a mais angustiante, seria a da mãe que vê um filho partir nos verdes anos.

O grande lenitivo está na convicção de que Deus sabe o que faz.

Significativo exemplo está na famosa expressão de Jó, o patriarca judeu que, após ver morrerem não um, mas todos os seus filhos, sete varões e três mulheres, e perder todos os seus haveres, ele, que fora muito rico, proclamou, convicto (Jó, 1:21):

...Deus deu, Deus tirou! Bendito seja o seu santo nome.

O problema é que raros guardam essa convicção. Cultivam precária confiança, que não resiste aos embates da adversidade.

Por isso, mães debruçadas sobre o esquife de um filho que resumia suas alegrias e esperanças indagam, angustiadas:

– Por que, Senhor?! Por que fez isso comigo?! O que fiz para merecer esse castigo?!

Esse questionamento não é saudável. Conduz facilmente ao desespero e à revolta, que apenas multiplicam mágoas, sem chance para a consolação.

A vida torna-se um fardo insuportável quando nos debatemos ante o inexorável.

Matematicamente falando, acrescentamos dores à alma quando subtraímos a fé.

***

Um confrade, espírita da velha guarda, homem lúcido e dedicado à Doutrina, costumava dizer:

– É preciso ter sempre um *pé atrás*, não apenas quanto à nossa morte, mas, também, em relação à dos familiares.

Parecia adivinhar que seria chamado a esse testemunho, porquanto um filho, jovem inteligente e empreendedor, com brilhante futuro pela frente, faleceu repentinamente.

E nosso companheiro demonstrou que estava preparado, tanto ele quanto a esposa, comportando-se com muita serenidade e equilíbrio, a imitar o exemplo de Jó.

Esse *pé atrás* na Vida, para não nos desequilibrarmos nas *trombadas com a morte,* é a postura abençoada quando o conhecimento alicerça a fé.

É importante conceber que Deus existe; que Seus desígnios são sábios e justos; que Seu olhar misericordioso está sobre nós; que Ele trabalha sempre pelo nosso bem, mesmo quando males aconteçam.

Nem sempre, porém, será o bastante, principalmente em relação a ocorrências chocantes como a morte prematura de um ente querido.

Somente a Doutrina Espírita, a oferecer uma visão espantosamente clara e objetiva das realidades espirituais, pode nos consolar de forma perfeita, nesses transes dolorosos, sem espaço para dúvidas e vacilações, mostrando-nos por que ocorrem.

***

À luz abençoada do Espiritismo, podemos considerar o assunto sob alguns aspectos:

Aborto.
Por que mulheres que anseiam pela maternidade experimentam sucessivas frustrações?
Geralmente estamos diante de limitações do presente resultantes de comprometimentos no pretérito.
A causa – quem diria! – é o mesmo aborto.
Não o espontâneo, mas o induzido.
A mulher que se recusa ao compromisso da maternidade, expulsando o filho que estagia em seu corpo, às portas da reencarnação, comete uma autoagressão. Produz desajustes em seu perispírito, o corpo espiritual, em área correspondente à natureza de seu delito.
Em vida futura, mais amadurecida, a ansiar pela maternidade, terá problemas. Grávida, não conseguirá sustentar a gestação do filho que anseia, na mesma proporção em que expulsou, outrora, filhos de seu seio.
O problema pode estar, também, no reencarnante.
Se foi um suicida, trará sérios comprometimentos perispirituais que poderão repercutir no corpo em formação, a promover o aborto.

Fracassos sucessivos, tanto da gestante quanto do reencarnante, os ensinarão a valorizar e respeitar a vida.

Infância.
Às vezes consuma-se a reencarnação, não obstante o passado comprometedor do reencarnante, mas de forma precária. Vulnerável a males variados, em face da debilidade orgânica, logo retornará à espiritualidade.

André Luiz reporta-se a um suicida, que se matou ingerindo veneno, no livro *Entre a Terra e o Céu,* psicografia de Francisco Cândido Xavier.

Em nova existência, saúde frágil, desencarnou aos sete anos.

Um mentor espiritual explicou que aquela breve experiência na carne fora sumamente útil ao Espírito, livrando-o de parte de seus desajustes, e que deveria logo reencarnar na mesma família, já em melhores condições.

***

A morte prematura pode ser, também, um convite ao cultivo de valores espirituais.

No livro *Atravessando a Rua,* comento a experiência de um casal que reencarnou com a tarefa de cuidar de crianças, numa instituição assistencial. No entanto, envolvidos pelos interesses imediatistas, marido e mulher andavam distraídos de sua missão.

Dedicado mentor espiritual que os assistia, preocupado com sua deserção, reencarnou como seu filho para breve existência.

Foi aquela criança maravilhosa, inteligente, sensível, que faz a felicidade dos pais, a gravitarem em torno dela.

Consumando o projeto de morte prematura, que visava despertar os pais, aproximando-os dos valores espirituais, ele desencarnou na infância, deixando-os desolados, desiludidos, deprimidos.

Encontraram lenitivo a partir do momento em que se entregaram de corpo e alma a crianças num orfanato, exatamente como fora planejado.

O mentor viera apenas para ajudá-los a corrigir um *desvio de rota.*

***

Fica a pergunta, amigo leitor:
O que acontece com o Espírito na morte prematura?

Normalmente, retorno tranquilo.

O que complica a readaptação à pátria espiritual é o apego à vida física, o cultivo de ambições, vícios, paixões...

O Espírito *entranha-se* na carne, o que lhe impõe sérias dificuldades, até mesmo para perceber sua nova condição.

Já o jovem não tem esses comprometimentos.

É alguém que desperta para a jornada física, que ainda não se envolveu.

Será mais facilmente acolhido e amparado pelos mentores espirituais, por familiares desencarnados.

***

A grande dificuldade dos que partem nessa condição é a reação dos que ficam.

Questionamentos, desespero, inconformação, são focos pestilentos de vibrações desajustadas, que ferem o passageiro da Eternidade, causando-lhe aflições e desajustes, já que nos primeiros tempos de vida espiritual tende a permanecer ligado psiquicamente à família.

Chico Xavier recebeu muitas mensagens de jovens a reclamar, enfáticos, que semelhante atitude os fazia reviver as angústias de sua desencarnação, quando ocorrida em circunstâncias trágicas.

O final da mensagem de Sanson é bastante significativo e deve merecer nossa reflexão:

Em vez de vos queixardes, regozijai-vos quando praz a Deus retirar deste vale de misérias um de seus filhos.
Não será egoístico desejardes que ele aí continuasse para sofrer convosco?
Ah! Essa dor se concebe naquele que carece de fé e que vê na morte uma separação eterna.
Vós, espíritas, porém, sabeis que a alma vive melhor quando desembaraçada do seu invólucro corpóreo.
Mães, sabei que vossos filhos bem-amados estão perto de vós; sim, estão muito perto; seus corpos fluídicos vos envolvem, seus pensamentos vos protegem, a lembrança que deles guardais os transporta de alegria, mas também as vossas dores desarrazoadas os afligem, porque denotam falta de fé e exprimem uma revolta contra a vontade de Deus.
Vós, que compreendeis a vida espiritual, escutai as pulsações do vosso coração a chamar esses entes bem-amados e, se pedirdes a Deus que os abençoe, em vós sentireis fortes consolações, dessas que secam as lágrimas; sentireis aspirações grandiosas que vos mostrarão o porvir que o soberano Senhor prometeu.

Se fosse um homem de bem...

Injúrias são as razões dos que não têm razão.

O homem agita-se, mas Deus o conduz.

Tão somente o infortúnio pode converter um coração de pedra num coração humano.

Aqueles que nunca sofreram não sabem nada; não conhecem nem os bens nem os males; ignoram os homens; ignoram-se a si próprios.

Quem pensa que sabe muito, não sabe nada, e sua ignorância é tanta que nem sequer está em condições de saber aquilo que lhe falta.

Belos pensamentos, não é mesmo, amigo leitor? Simples, sábios, profundos...

São de François de Salignac de La Mothe, duque de Fénelon (1651-1715), teólogo católico, escritor e poeta francês, membro da Academia Francesa de Letras, considerado um dos homens mais lúcidos e brilhantes de seu tempo.

Espírito de tão grandes méritos que participou da codificação da Doutrina Espírita, em *O Livro dos Espíritos, O Livro dos Médiuns* e *O Evangelho segundo o Espiritismo.*

É de Fénelon, no item 22, o seguinte comentário:

Falando de um homem mau, que escapa de um perigo, costumais dizer:
"Se fosse um homem bom, teria morrido."
Pois bem, assim falando, dizeis uma verdade, pois, com efeito, muito amiúde sucede dar Deus a um Espírito de progresso ainda incipiente prova mais longa, do que a um bom que, por prêmio do seu mérito, receberá a graça de ter curta quanto possível a sua provação.
Por conseguinte, quando vos utilizais daquele axioma, não suspeitais de que proferis uma blasfêmia.

***

Os bons pouco vivem.
Vivem mais os maus.
Logo, é bom praticar maldades.

Esse silogismo pode ser montado a partir de afirmativas do tipo *se fosse um homem de bem teria morrido*.
Há aqui dois erros de julgamento.
Primeiro: o acidentado não é bom, ou teria morrido.
Segundo: Deus não é justo, porquanto mata os bons e preserva os maus.
Nada mais distante da realidade.
Há gente boa que vive bastante.
Há gente má que tem existência efêmera.
Não obstante, como sugere Fénelon, no resgate de débitos cármicos a moeda da Dor pode ser substituída pela moeda do Amor, que adquirimos com a prática do Bem.
Um homem generoso, cumpridor de seus deveres, praticante da caridade, sofreu grave hemorragia cerebral. Embora contando com as preces e vibrações de toda uma comunidade espírita, sob sua direção, veio a falecer.
Os familiares questionavam, angustiados, até que ponto compensaria dedicar-se tanto.

Suas dúvidas foram desfeitas quando um mentor espiritual informou-lhes que o falecido tinha por programação cármica a ocorrência de graves limitações físicas, em existência vegetativa.

Em face de seus méritos, a Misericórdia Divina o liberara da penosa situação, transferindo-o para o Mundo Espiritual.

***

Essa abordagem de Fénelon nos faz lembrar outro ditado popular:

Só o peru morre na véspera.

Faz referência à véspera do Natal, no passado, quando os perus eram sacrificados para preparo da tradicional ceia natalina.

Bem, amigo leitor, esse ditado está totalmente *furado*.

Depois da invenção do freezer, as pobres aves passaram a morrer bem antes, semanas e até meses. E passa a impressão de que há dia certo para *bater as botas*, o que não é verdade.

A programação biológica da raça humana vai de oitenta a cem anos. Raros atingem aquele limite, porquanto passamos a existência a brigar com o corpo, submetendo-o a maus-tratos, de várias maneiras:

Vícios como o cigarro, o álcool, as drogas...
Alimentação inadequada e glutonaria...
Trabalho indisciplinado...
Repouso insuficiente...
Sedentarismo, ausência de exercícios...
Tensões nervosas, irritação, descontrole emocional...
Mágoa, ressentimento, ódio, rancor...

Tudo isso soma males que subtraem anos. O Espírito é, literalmente, expulso da morada física, como quem deixa uma casa que lhe cai sobre a cabeça, por ter cuidado mal dela.

Pior os que se envolvem em graves desvios de comportamento. Basta lembrar os jovens que partem para a criminalidade.

Sua expectativa de vida é de vinte e cinco anos, não por prêmio ao esforço do Bem, mas por lamentável comprometimento com o Mal. Poucos ultrapassam essa idade, habilitando-se a penosos reajustes no plano espiritual e atormentados resgates em futuras reencarnações.

***

Diz André Luiz que quando um Espírito consegue viver plenamente o tempo que lhe foi concedido, cumprindo o que veio fazer na Terra, é recebido com festas no Além, como um *completista*.

Esse é um aspecto interessante, que deve merecer nossa reflexão.

Todos reencarnamos com algo a fazer.

Não estamos aqui por acaso.

Há tarefas, compromissos assumidos, destacando-se:

Família.

Pais, irmãos, cônjuge, filhos... Há ajustes a serem feitos, relacionados com desentendimentos do pretérito e dificuldades de convivência no presente.

Sociedade.

Além das atividades profissionais, em favor da própria subsistência, somos convocados a algo fazer em favor do bem comum, sedimentando a solidariedade em nós, a caminho do Amor, lei suprema de Deus.

Eternidade.

Já vivíamos antes do berço; continuaremos a viver depois do túmulo, chamados ao aprimoramento incessante, no esforço de renovação, a partir do estudo, da reflexão, do empenho por superar mazelas e imperfeições, à luz do Evangelho, substituindo o *homem velho*, cheio de defeitos, pelo *homem novo*, o *homem cristão*, capaz de refletir a luz do Cristo em seu comportamento.

É importante, nesse contexto, a autoavaliação diária:

Estou observando o que planejei ao preparar-me para o mergulho na carne?

Estou cumprindo meus deveres perante Deus e a minha própria consciência, habilitando-me a um retorno feliz à Pátria Espiritual?

Vale lembrar a advertência de Jesus (Mateus 7:21):

Nem todo o que me diz: Senhor, Senhor! entrará no reino dos céus, mas aquele que faz a vontade de meu Pai, que está nos céus.

No terreno das citações, vale o quarto mandamento da Lei, recebido por Moisés (Êxodo, 20:12):

Honra a teu pai e a tua mãe, para que se prolonguem os teus dias na Terra, que o senhor teu Deus te dará.

Curioso, amigo leitor, Moisés condiciona a longevidade ao empenho por honrar os genitores.

Não parece compatível com a lógica.

Há pilantras que os maltratam e desrespeitam. Omissos, não lhes prestam assistência, nem lhes dão atenção. Não obstante, atingem idade avançada.

Há filhos carinhosos e diligentes. Atenciosos, cuidam de seu bem-estar. Entretanto, logo vão *comer capim pela raiz*.

Aparentemente contraditório, o quarto mandamento exprime algo ponderável.

Consideremos que *honrar pai e mãe* será não fazer nada que os infelicite ou cause constrangimento.

Alguns exemplos:

Os vícios, a desonestidade, os excessos, o desregramento, a promiscuidade, os desatinos, a indisciplina, a agressividade, a ambição, a mentira...

Se nos orientarmos no sentido de não decepcioná-los, de não contrariar suas expectativas, buscaremos sempre o melhor comportamento, no intuito de fazê-los felizes, sustentando neles a convicção de que seus filhos são *gente de bem*.

Lembro a experiência de jovem virtuosa, assediada por rapaz mal intencionado que, aproveitando-se do fato de que o achava atraente, queria iniciar relacionamento afetivo com visita ao motel.

Reagiu, incisiva, dispensando o aventureiro:

– Amo muito meus pais e jamais lhes daria o desgosto de constatar que estou confundindo namoro com sexo.

Se quisermos fazer felizes nossos genitores, certamente cultivaremos a compreensão e a caridade; exercitaremos a oração e a reflexão; seremos cordatos e diligentes.

Tudo para *honrar os pais*.

Resultado:

Teremos um comportamento disciplinado e virtuoso, que nos sustentará o equilíbrio físico e psíquico.

E mais:

Afinaremos o padrão vibratório.

Estaremos favorecendo a sintonia com mentores espirituais que nos ajudarão a superar influências negativas, perigos e tentações.

Assim, salvo programas cármicos, se *honrarmos nossos pais*, tenhamos certeza:

Serão *prolongados os dias que o Senhor nos dará* para as experiências redentoras na escola terrestre, habilitando-nos a retorno feliz à pátria verdadeira, quando chegar a nossa hora.

Para quem gosta de sofrer

Vive o homem incessantemente em busca da felicidade, que também incessantemente lhe foge, porque felicidade sem mescla não se encontra na Terra.

Entretanto, malgrado as vicissitudes que formam o cortejo inevitável da vida terrena, poderia ele, pelo menos, gozar de relativa felicidade, se não a procurasse nas coisas perecíveis e sujeitas às mesmas vicissitudes, isto é, nos gozos materiais, em vez de a procurar nos gozos da alma, que são um prelibar dos gozos celestes, imperecíveis.

Em vez de procurar a paz do coração, *única felicidade real neste mundo, ele se mostra ávido de tudo o que o agitará e turbará, e, coisa singular!*

O homem, como que de intento, cria para si tormentos que está em suas mãos evitar.

Esse é o início de mensagem assinada por Fénelon, no item 23, com sugestivo título: *Os tormentos voluntários*.

Interessante, não é mesmo, leitor amigo?

O espírita não envolvido com o estudo da Doutrina, de conhecimento superficial, tende a imaginar que as dores do mundo são cármicas. Estamos aqui para sofrer e tudo o que nos faz sofrer é resgate de dívidas.

Não é bem assim.

Como ensina Fénelon, há tormentos que não fazem parte de nosso destino.

Não estavam escritos nas estrelas.

São frutos de uma postura equivocada.

***

Autoflagelação é o ato que leva o indivíduo a provocar dores, sofrimentos e mutilações em si mesmo.

Um casal apaixonado substituiu as tradicionais alianças de compromisso pela amputação da primeira falange do dedo polegar. Pretendiam ter algo em comum. Detalhe: fizeram isso às dentadas, um mordendo o outro!

Em exercício de faquirismo, um jovem deitou-se sobre uma cama de pregos, situação que lhe impôs dores bem mais acentuadas do que as decorrentes de simples torção lombar.

Uma jovem, pretendendo modernidade, aplicou *piercing* na língua, criando área de incômodo e dor ao alimentar-se, além de sujeitá-la a perigosa infecção.

As motivações, duvidosas e insanas – amor, autocontrole, vaidade...

Um psicólogo veria, com mais propriedade, desvios de comportamento associados a distúrbios da emoção.

As pessoas que assim fazem têm, digamos, alguns ou muitos parafusos soltos no cocuruto.

***

Há a autoflagelação moral, bem pior.

Tais masoquistas não agridem o corpo.

Agridem a alma, a partir de determinadas posturas que produzem sofrimento e complicam a existência, induzindo-os, não raro, a atitudes antissociais.

Na mensagem citada, Fénelon reporta-se ao exercício de dois masoquismos morais.

O primeiro – o ciúme.

Esse *monstro de olhos verdes,* como dizia Shakespeare, pode ser definido como o sofrimento de alguém que pretende exclusividade nas atenções do ser amado, com receio consciente ou inconsciente de que ele se interesse por outrem.

Detalhe: amor que prende, que vigia, que fiscaliza, é apenas egoísmo exacerbado.

É o amar-se no outro, ou ver no outro uma extensão de si mesmo, pretendendo o comando sobre suas ações e emoções.

Com tal empenho, o ciumento resvala para o ridículo.

O jovem questiona a namorada:
– Em quem está pensando?
– Em ninguém.
– Não minta!
– Estou apenas com vontade de ficar quieta.
– Já não gosta de mim! Tenho certeza de que se envolveu com outro...

A jovem fiscaliza o olhar do namorado.
– Quem é essa pessoa com quem está flertando?
– Flertando?
– Sim, essa sirigaita à nossa frente!
– Não estou olhando ninguém...
– Safado! Eu vi! Não sou cega!

Se pudesse, o ciumento fecharia o ser amado numa redoma, impondo que todos seus interesses e atenções, olhares e conversas, girassem em torno dele.

É atormentado por permanente dúvida quanto à sua fidelidade, como o faquir deitado em cama de pregos.

Há casos gravíssimos de assassinatos e suicídios cometidos por pessoas ciumentas.

Antigamente dizia-se: *Matou ou matou-se por amor...*

Infelizmente nenhuma poesia há em tais iniciativas.

Apenas nefastos desatinos, gerando funestos destinos, marcados por tormentosos sofrimentos.

O ciúme é duro como a sepultura, nos diz o Cântico dos Cânticos (8:6).

Na verdade ciúme é o túmulo do amor, porquanto ninguém suporta viver vigiado, solicitado, reprimido o tempo todo.

***

A segunda – a inveja.

Poderíamos defini-la como o desgosto ante a prosperidade e o sucesso alheios.

Sofrimento voluntário, que desajusta e perturba.
Raras pessoas admitiriam que têm inveja.
Na verdade, raras estão isentas dela.
Todos são solidários na adversidade.
Poucos são solidários na felicidade.

A Bíblia é repleta de episódios envolvendo a inveja.

O primeiro fratricídio foi cometido por um invejoso, conforme está no livro *Gênesis,* capítulo quarto.

Caim matou seu irmão Abel porque tinha inveja das atenções que lhe davam os pais, Adão e Eva.

Saul se aborrecia porque o povo gostava mais de David (I Samuel, 18:7-8).

Os irmãos de José o venderam como escravo porque ele tinha a preferência de seu pai (Gênesis, 37:4-11).

Os evangelistas apontam como uma das causas da crucificação de Jesus o fato de que os senhores do Templo o invejavam porque ele era amado pelo povo (Marcos, 15:10, Mateus, 27:18).

Diga-se de passagem, a teologia ortodoxa situa a inveja como um dos sete pecados capitais, capaz de remeter o pecador às caldeiras do *Pedro Botelho.*

E o salmista é bastante incisivo quando diz (Pv 14:30):

A inveja é a podridão de nossos ossos!

Valha-nos Deus!

***

Sentimentos negativos como o ciúme, o medo de perder o que julgamos nosso, e a inveja, o desejo de ter o que é dos outros, sempre favorecem as influências espirituais, nos domínios da obsessão.

André Luiz relata no livro *Libertação,* psicografia de Chico Xavier, um caso exemplar.

Um dirigente espírita era assediado por Espíritos que queriam comprometer seu trabalho.

Não conseguindo envolvê-lo, porquanto se tratava de verdadeiro cristão, que levava a sério a existência, dedicado ao Bem e à Verdade, começaram a assediar sua esposa.

Para tanto, aproveitaram o misto de inveja e ciúme que sentia do marido, em face do que ele representava e de como a comunidade o procurava.

A narrativa é bastante didática, mostrando-nos como agem as entidades que pretendem nos perturbar, explorando nossas mazelas.

Após reunião no Centro, André Luiz acompanhou o casal de retorno ao lar.

Marido e mulher entregaram-se ao sono.

Ele observou ambos afastando-se do corpo em repouso.

Aprendemos com o Espiritismo que passamos um terço de nossa vida no mundo espiritual, durante o sono.

O corpo dorme, precisa de descanso.

O Espírito, menos dependente, transita durante esse tempo na Espiritualidade, em atividades que guardam correspondência com sua maneira de ser, seus desejos e interesses.

O marido logo foi acolhido por mentores espirituais que o acompanharam em jornada de aprendizado e trabalho, que repercutiriam em seus pensamentos e emoções, durante a vigília, na forma de sentimentos agradáveis e valiosas inspirações.

A esposa, ainda lenta na aquisição de valores espirituais, afastou-se semiconsciente, sem muita noção do que estava acontecendo, e foi imediatamente abordada por dois obsessores.

Apresentaram-se como protetores espirituais que vinham adverti-la sobre seu marido.

Diziam-lhe que era falso religioso, adúltero, que a enganava, que usava seu cargo no Centro Espírita para seduzir jovens e senhoras incautas.

Pela manhã, quando o marido acordou, após a agradável experiência noturna, sentia-se feliz, saudável, bem disposto, já pronto para as atividades do dia.

A esposa, pelo contrário, despertou nervosa, irritada, tomada de desconfianças em relação ao marido.

Pessoas que cultivam sentimentos negativos como o ciúme e a inveja sempre caem nas teias da obsessão, que agrava seus padecimentos.

Vivem num inferno e infernizam a vida dos que são objeto de suas cogitações infelizes.

Sofrimento inútil, perda de tempo, futuro complicado.

***

Dores, dificuldades, dissabores, enfermidade, morte, fazem parte da vida na Terra, porém não nos impedirão de vivermos felizes, desde que não exacerbemos esses males, com posturas e sentimentos negativos como o ciúme e a inveja, que apenas acentuam dores e perpetuam angústias.

Custo e benefício

Delfina de Girardin, foi escritora e poetisa francesa de elevados dotes morais, contemporânea de Kardec. Consta em sua biografia que chegou a ter contatos com o Codificador.

Desencarnou em 1855, ano em que Kardec iniciava os estudos que culminariam com a publicação de *O Livro dos Espíritos*.

Apenas nove anos após sua morte, em 1864, a nobre dama transmitiu importante mensagem, contida no item 24, que se inicia assim:

Toda gente fala da desgraça, toda gente já a sentiu e julga conhecer-lhe o caráter múltiplo.

Venho dizer-vos que quase toda gente se engana e que a desgraça real não e, absolutamente, o que os homens, isto é, os desgraçados, o supõem.

O título é sugestivo: *A Desgraça Real*.

Ela explica que, trazendo velhos condicionamentos, fruto de concepções materialistas ou fantasias religiosas, as pessoas tendem a encarar de forma equivocada a existência humana, tomando por funestas determinadas situações que exprimem meras contingências terrestres.

***

O exemplo mais flagrante é a morte.

Para o homem comum, a morte é a maior de todas as desgraças, tanto que é representada por horrendo e fantasmagórico ser, todo vestido de negro, trazendo enorme foice sobre os ombros, pronto a decepar ilusões e esperanças.

Se morre uma pessoa que pautou sua existência no exercício da virtude, lamentamos:

– Coitado! Tão bom!... morreu!

Já, quando morre alguém de maus princípios, que prejudicou o próximo, que não cumpriu com seus deveres, logo se proclama:

– Bem feito! Deus o castigou!

Em alguns países a pena maior, mais severa para determinados crimes, é a morte.

O criminoso paga com a própria vida por seus desatinos.

Regra geral para bons e maus, principalmente quando ocorra em circunstâncias trágicas, a morte é geralmente encarada como algo horrível, o que de pior possa acontecer!

Visão estreita.

Há algo que o Espiritismo deixa bem claro e que deveria constar de todos os discursos e orações fúnebres:

A morte é uma libertação.

Nossa pátria é o mundo espiritual.

Estamos aqui de passagem.

É o que revela a própria morte, numa prosopopeia de Castro Alves, psicografia de Chico Xavier:

Se às vezes se te afigura
Que sou a foice impiedosa,
Horrenda, fria, orgulhosa,
Que espedaça os teus heróis,
Verás que sou a mão terna,
Que rasga abismos profundos,
E mostra bilhões de mundos,
E mostra bilhões de sóis.

Conduzo seres aos céus,
À luz da realidade;
Sou ave da Liberdade
Que ao lodo da escravidão
Venho arrancar os Espíritos,
Elevando-os às alturas:
Dou corpos às sepulturas
Dou almas para a amplidão.

Detalhe importante, amigo leitor:

Situemos o morto como alguém que estava preso numa ilha sombria e foi libertado.

Retorna ao continente, à pátria, à Vida em plenitude.

Vai ao encontro dos entes queridos que o precederam.

Há um *probleminha:* terá que *nadar* para chegar até lá, isto é, deverá libertar-se das impressões da vida física, em laboriosa adaptação ao Mundo Espiritual.

Os que ficam podem ajudá-lo ou atrapalhá-lo.

Se revoltados, chorosos, inconformados, é como se jogassem pesos nos ombros do finado, e ele *afundará* num oceano de perplexidade e amargura.

Se aceitam, se oram por ele, se cultivam a saudade limpa de sentimentos negativos, estarão lhe oferecendo abençoada sustentação para que atinja o continente espiritual sem maiores problemas.

***

Aspectos interessantes:

Doenças graves invariavelmente são tomadas à conta de desgraças que se abatem sobre o indivíduo, roubando-lhe o alento, a esperança, e até a vontade de viver.

Exemplo: o câncer.

Há pessoas que lhe têm tamanho pavor que se recusam a pronunciar essa palavra quando se referem a alguém portador do mal.

Falam baixinho:

– Fulano está com doença ruim.

Mas o que são as *doenças ruins* senão depurativos da alma?

O que fizemos de mal no passado, em vidas anteriores, contaminou nossa alma, produzindo desajustes perispirituais comprometedores, origem de depressões, tensões e angústias do presente.

Doença grave é *válvula de escoamento*, oportunidade de refazimento.

Então, por que vou ficar angustiado e infeliz, se estou sob efeito abençoado de um depurativo?

Hoje, diga-se de passagem, o câncer está se transformando num mal menor, tantos são os recursos mobilizados pela Misericórdia Divina, por intermédio da Medicina, para que não nos incomode tanto.

O sofrimento maior, diante de males como o câncer, é de ordem emocional. Se a pessoa acha que é uma desgraça, certamente se sentirá desgraçada.

Melhor fazer como alguém que visitei certa feita, paciente de câncer:

Ao lhe perguntar sobre seu estado de saúde, respondeu:

– Estou muito bem, em eficiente tratamento de beleza para o Espírito. O corpo anda abalado, mas a alma está ficando com brancura de Omo.

***

Diz Delfina de Girardin:

A verdadeira desgraça está nas consequências de um fato, mais do que no próprio fato.

A morte de um ente querido, a doença grave, a dificuldade financeira, agitam o Espírito, depuram o coração, aproximam o homem de Deus.

Não podem, portanto, ser tomadas à conta de desgraças.

É como o devedor que pede ao credor que o procure em determinada data para pagar-lhe a dívida.

No dia aprazado o credor bate em sua porta.

O devedor demonstra má vontade.

O credor questiona, indignado:

– Está brincando comigo? Foi você quem marcou o dia para o pagamento.

***

A verdadeira desgraça não está nas retificações dolorosas do presente que pavimentam o futuro.

Está nas retificações dolorosas do futuro, quando nos transviamos no presente.

Importante, nesse particular, avaliar a relação custo/benefício.

O que pretendemos fazer nos será benéfico?

E qual é o custo?

Alguns exemplos:

Cigarro.

Benefício: tranquilidade, clareza de ideias, descontração...

Custo: câncer no pulmão, boca e faringe, bronquite, asma, enfisema, cardiopatia, enfarto...

Valerá a pena?

Álcool.

Benefício: desinibição, sensação de liberdade, euforia.

Custo: comportamento indisciplinado, descontrole emocional, comprometimento orgânico, cirrose hepática...

Valerá a pena?

Drogas.

Benefício: céu artificial.

Custo: desajustes mentais, destruição das células cerebrais, desorganização da emoção, tensões insuportáveis...

Valerá a pena?

Adultério.

Benefício: prazer, euforia, autoafirmação.

Custo: Desestruturação da família, doenças, frustrações, ansiedade.

Valerá a pena?

Ambição.

Benefício: riqueza, poder, conforto, tudo o que o dinheiro pode comprar.

Custo: comprometimento com a agressividade, a mentira, a usura, a insensibilidade.

Valerá a pena?

Em todas essas atividades temos expressões do comportamento materialista, a falta de um ideal, de um objetivo nobre, sem perspectivas além da existência física e com sérios comprometimentos em relação à vida espiritual.

Há multidões de Espíritos desencarnados vivendo tormentos em face do descuido em relação aos valores espirituais, por nunca terem cogitado do custo/benefício em relação às suas iniciativas.

***

Desgraça tem o prefixo *des* que representa oposição.

Graça, no caso, representa um sentido para a Vida.

Desgraça, portanto, significa a perda de sentido para a vida.

Sentimo-nos desgraçados quando enfrentamos dificuldades, dissabores, lutas, morte de entes queridos... E nos deixamos dominar por tormentos que apenas complicam a jornada.

Melhor considerar o custo/benefício.

Ainda que durassem até o fim da vida física, representariam um custo muito baixo para a conquista de uma alma depurada na vida espiritual, que não acaba nunca.

E não nos pesarão em demasia, se os considerarmos não apenas como resgate, mas também como estímulo para deixarmos o acomodamento. Consideremos o ideograma chinês para crise: significa oportunidade.

Oportunidade de mudar, alcançar estágios mais altos de espiritualidade, enfrentando com serenidade os percalços da existência, como enfatiza Delfina de Girardin:

Que, pois, o Espiritismo vos esclareça e recoloque, para vós, sob verdadeiros prismas, a verdade e o erro, tão singularmente deformados pela vossa cegueira!

Agireis então como bravos soldados que, longe de fugirem ao perigo, preferem as lutas dos combates arriscados à paz que lhes não pode dar glória, nem promoção!

Que importa ao que tem fé no futuro deixar no campo de batalha da vida a riqueza e o manto de carne, contanto que sua alma entre gloriosa no reino celeste?

Escafandristas

Antonio Gonçalves Dias (1823-1864) foi um dos grandes poetas brasileiros.

Por sua importância na literatura brasileira, é hoje o patrono da cadeira número quinze da Academia Brasileira de Letras, a mais alta honraria concedida a um escritor brasileiro.

Escritores como Olavo Bilac e Guilherme de Almeida ocuparam essa cadeira, digamos, como inquilinos, mas o *proprietário* é ele.

Em 1838, com apenas quinze anos, foi estudar em Portugal. Lá terminou os estudos secundários e ingressou na Faculdade de Direito da Universidade de Coimbra, um dos maiores centros culturais da Europa no século dezenove.

Retornou ao Brasil em 1845.

Saudoso da pátria, considerou os sete anos de estudos em Portugal como doloroso exílio.

Inspirado nesse sentimento, escreveu aquele que seria o seu poema mais famoso – *A Canção do Exílio*:

Minha terra tem palmeiras,
Onde canta o Sabiá;
As aves, que aqui gorjeiam,
Não gorjeiam como lá.

Nosso céu tem mais estrelas,
Nossas várzeas têm mais flores,
Nossos bosques têm mais vida,
Nossa vida mais amores.

Em cismar, sozinho, à noite,
Mais prazer encontro eu lá;
Minha terra tem palmeiras,
Onde canta o Sabiá.

Minha terra tem primores,
Que tais não encontro eu cá;
Em cismar — sozinho, à noite —
Mais prazer encontro eu lá;
Minha terra tem palmeiras,
Onde canta o Sabiá.

Não permita Deus que eu morra,
Sem que eu volte para lá;
Sem que desfrute os primores
Que não encontro por cá;
Sem qu'inda aviste as palmeiras,
Onde canta o Sabiá.

Muitas pessoas, entre as quais me incluo, emocionam-se com esse poema.
Toca de forma singular nossa sensibilidade.
É que, espiritualmente falando, evoca não a simples saudade de um país.
Evoca algo bem maior: imensa saudade da pátria verdadeira que irmana todos os homens – o Mundo Espiritual, de onde viemos e para onde retornaremos quando terminar a penitência neste *purgatório terrestre*.
Seja qual for o tipo de vida que levamos, as experiências que vivenciamos, de certa forma estamos transitoriamente exilados.
A propósito do assunto, diz o Espírito François de Genève, no item 25:

Sabeis por que, às vezes, uma vaga tristeza se apodera dos vossos corações e vos leva a considerar amarga a vida?

É que vosso Espírito, aspirando à felicidade e à liberdade, se esgota, jungido ao corpo que lhe serve de prisão, em vãos esforços para sair dele. Reconhecendo inúteis esses esforços, cai no desânimo e, como o corpo lhe sofre a influência, toma-vos a lassidão, o abatimento, uma espécie de apatia, e vos julgais infelizes.

Notável ponderação, que enseja valiosa reflexão.

A Doutrina Espírita nos ensina que a encarnação em mundos de matéria densa, como a Terra, objetiva nossa evolução, favorecendo-nos de várias formas:

Em total amnésia com relação ao passado, podemos retificar a trajetória, superando paixões e fixações que determinaram nossos fracassos.
Abençoado recomeço.

Agrupados em núcleos familiares, sustentados pelo sangue, unimo-nos a afetos e desafetos do pretérito, consolidando afeições e desfazendo aversões.
Abençoada convivência.

Na pátria espiritual podemos estagiar na indolência por séculos. O Espírito não morre de forme, sede, frio... Encarnados, sob o instinto de conservação, o instinto da vida, a ânsia de viver que caracteriza os seres vivos, somos forçados a trabalhar para sustentar o corpo e desenvolvemos as potencialidades que caracterizam nossa condição de filhos de Deus a caminho da perfeição.

Abençoado estímulo.

O corpo físico é o espelho da alma. Mazelas e imperfeições repercutem nele, dando origem a males variados que funcionam como depuradores espirituais, ajudando-nos a conter e superar tendências inferiores.

Abençoada terapia.

***

Embora os inestimáveis benefícios que oferece, no desdobramento de experiências evolutivas, o corpo é um peso para o Espírito.

Limita as percepções, dificulta a movimentação, inibe a inteligência...

Imaginemos um mergulhador que devesse viver por bom tempo nas profundezas do oceano, a vestir um escafandro, pesadíssima *armadura* de borracha e ferro.

Seria terrível!

O corpo físico é o escafandro que o Espírito veste ao reencarnar para um mergulho na matéria densa.

Natural, portanto, que se sinta incomodado, nostálgico, ante as limitações a que está sujeito no exílio terrestre.

Essa nostalgia, nunca bem definida quanto às origens, até porque as pessoas não têm noção mais ampla sobre o assunto, costuma provocar complicações na jornada humana.

Imaginemos um mergulhador nas profundezas do oceano que, em virtude de súbita amnésia, não tivesse noção do que está fazendo ali e do que há na superfície, a debater-se em dúvidas e temores.

Somem-se a isso as influências espirituais que envolvem as criaturas humanas, como tubarões que ameaçam e ferem o mergulhador distraído nas profundezas.

Nos Centros Espíritas, nos consultórios médicos, encontramos multidões de *escafandristas* incomodados, desalentados, doentes e perturbados.

***

Essa indefinível nostalgia, que pode resvalar para a angústia, a depressão, a crônica infelicidade, tem sido objeto de estudos pelas escolas psicológicas, com o desdobramento de ideias tão inusitadas quão distanciadas da realidade.

Haveria a *saudade do útero,* no período gestatório, em que o indivíduo literalmente boia no líquido amniótico, acomodado no ventre materno. Seria uma espécie de bem-aventurança, um *embalo no paraíso*, sem frio, sem fome, sem medo, sem preocupações...

Haveria as influências ambientes, traumas de infância, recalques infantis, frustrações da libido e outras sutilezas acadêmicas.

Haveria as lutas da existência, as dificuldades de relacionamento, os problemas de saúde, a frustração em relação a determinados desejos...

Freud montou a Psicanálise em cima de teorias desse tipo, formando o universo dos psicanalistas, que atuam como autênticos detetives do inconsciente humano, procurando descobrir o que aconteceu no passado, a partir da gestação, a justificar os males do presente.

Infelizmente, por não aceitar a preexistência da alma, a vida espiritual e a reencarnação, a psicanálise virou um jogo de adivinhação, caindo na fantasia quanto à explicação dos porquês de uma depressão, de uma neurose, de nostálgica tristeza...

Funciona? Sim, eventualmente, quando o médico tem um poder de persuasão capaz de convencer o paciente de que suas especulações exprimem a realidade.

Diga-se de passagem, a psicanálise, o tratamento na base do bate-papo, está perdendo terreno para a psiquiatria medicamentosa, com um vasto arsenal de fármacos que interferem na química cerebral, ajudando o paciente a controlar suas angústias, embora não as suprimam.

São escafandristas tentando resolver os problemas de outros escafandristas no fundo do mar, sem saber por que ali estão, sem noção do mundo maravilhoso que há na *superfície*.

***

Diz François de Genève, na página citada:

Lembrai-vos de que, durante o vosso degredo na Terra, tendes de desempenhar uma missão de que não suspeitais, quer dedicando-vos à vossa família, quer cumprindo as diversas obrigações que Deus vos confiou.

O escafandro pode nos incomodar, a nostalgia nos acompanhar, mas é fundamental que fixemos a atenção no essencial: estamos aqui com objetivos bem definidos, como explica a Doutrina Espírita.

Não houve engano dos poderes celestes ao nos localizar em determinada família, em determinada situação, com determinado corpo.

Imaginemos Gonçalves Dias afundando-se na nostalgia, perturbado por estar longe da pátria, entregando-se à vida desregrada, eivada de vícios e aventuras para amenizar seu mal. Estaria perdendo tempo, comprometendo o futuro.

Exatamente o que acontece com muita gente na Terra, que assume essa posição de fuga, buscando no vício, no sexo, na ambição, no poder, os recursos para superar a nostalgia, mergulhando em lamentáveis desequilíbrios.

***

O escafandrista só consegue movimentar-se com segurança nas profundezas porque tem ligação com a superfície, de onde recebe o oxigênio que o sustenta.

Também precisamos do *oxigênio espiritual,* para permanecermos equilibrados e firmes nas profundezas da matéria em que nos situamos como Espíritos encarnados.

Para tanto, é preciso manter desobstruído o canal de ligação com o Mundo Espiritual de onde viemos, pelo cultivo da oração, da reflexão, do empenho em cumprirmos nosso destino, que se delineia no desdobramento das experiências humanas, envolvendo a família, a profissão, a sociedade...

***

Embora se considerasse um exilado, Gonçalves Dias não deixou de aproveitar o estágio de sete anos em Portugal, dedicando-se aos estudos. Retornou ao Brasil com uma cultura enriquecida, o que lhe permitiu exercitar inúmeras funções e, sobretudo, exercitar sua vocação para a literatura, particularmente a poesia e a dramaturgia.

Tudo o que se pode esperar de nosso exílio na existência humana, é um bom aproveitamento das oportunidades de aprendizado e edificação que nos foram concedidas.

Podemos sentir de quando em vez a nostalgia, a indefinível saudade de nossa pátria, como Gonçalves Dias.

Mas assim como ele suportou bem os sete anos em Portugal, consciente de que seriam importantes em sua formação, por que não fazer o mesmo, aproveitando estes *segundos na eternidade* que caracterizam a jornada humana?

Se o fizermos, não só superaremos a nostalgia, como estaremos habilitados, em nosso retorno, a viver em paragens deslumbrantes, infinitamente mais belas do que os palmeirais do Brasil.

E ouviremos celestes melodias infinitamente mais harmônicas do que o canto alegre do sabiá.

Cilício

O dicionário define *cilício* como sacrifício ou mortificação a que alguém se submete, voluntariamente, atendendo a um propósito qualquer.

A jovem grávida sacode o marido às duas da matina.

– Meu bem, acorde!

Ele, bocejando:

– Que houve? Está se sentindo mal?!

– Não. Só quero fazer uma pergunta.

– Fale.

– Você me ama?

– Claro! Sabe disso!

– Jura?

– Juro!

– Quero uma prova.

– Que prova?

– Um sacrifício…

– Está bem. Faço qualquer coisa por você.

– Estou com vontade de comer melancia.

– Em plena madrugada?!
– É desejo de grávida. Se eu não comer melancia, nosso filho poderá nascer com aquela mancha vermelha no rosto.
– Angioma.
– Vai comprar?
– Mas, querida, onde vou encontrar melancia a esta hora?
– O Ceasa já está funcionando.
– Sim, mas fica do outro lado da cidade...
– Prefere o angioma?

***

Há, não raro, um componente de ignorância e fantasia no cilício, sugerindo, por exemplo, que a não satisfação de súbito desejo, envolvendo alimento qualquer, possa marcar o filho que a gestante asila no ventre.

Pior acontecia na Idade Média, quando os cristãos, inspirados na ignorância, levavam a extremos a afirmativa de Jesus, contida no Sermão da Montanha *(Mateus, 5:4)*:

Bem-aventurados os que choram, porque serão consolados.

Entendendo esse consolo como uma compensação pelos sofrimentos, o ideal seria sofrer bastante na Terra para garantir recompensas maiores no Céu.

Tal concepção, amplamente difundida, gerou comportamentos absurdos, com destaque para as Cruzadas, guerras de conquista sustentadas pelos reis cristãos na Europa, sob a piedosa alegação de que estavam libertando o solo sagrado da Palestina, em poder dos árabes.

– Deus o quer! – era o grito de guerra.

Envolveram-se milhares de fiéis ingênuos, dispostos ao tormentoso cilício dessa aventura, com a fantasia de que todo cruzado teria passaporte para o paraíso.

***

A idéia do cilício como autoflagelação sugeria um comportamento alienado.

Havia os que se internavam em lugares ermos, totalmente isolados, com o propósito de fugir dos males da sociedade.

Outros, buscando integração na Natureza, punham-se a pastar nos campos, como se fossem muares. Era comum açoitarem o próprio corpo para se livrarem do pecado.

Muitos se propunham ao mutismo absoluto, passando anos sem pronunciar uma palavra. Cilício para homens, certamente, porquanto, para gentis representantes do sexo feminino, ficar sem falar seria demais!

Há uma experiência emblemática a respeito do assunto.

Em meados do século VI, nas proximidades de Antioquia, na Síria, um piedoso cristão chamado Simeão instalou-se no alto de elevada coluna por ele construída.

Inteiramente entregue à devoção, era atendido em suas necessidades por amigos e discípulos que o visitavam, diariamente, muitos dos quais imitariam, mais tarde, seu exemplo.

No exíguo espaço, dezoito metros acima do solo, submetido às intempéries e ao desconforto, passou os restantes trinta anos de existência, sem pisar o chão.

Algum tempo após sua morte foi canonizado, recebendo o título beatífico de São Simeão, o Estilita.

Se hoje alguém tentasse realizar a mesma proeza, certamente seria internado em manicômio; mas, na Idade Média, tais aberrações eram comuns, consideradas atos de extrema piedade.

***

Não obstante o progresso alcançado, subsiste a ideia do cilício, da mortificação, em favor da depuração, como passaporte para o Céu.

Ainda hoje há quem se proponha a longos jejuns, a carregar uma cruz, a subir escadarias de igrejas de joelhos, por penitência, promessa, depuração...

As próprias rezas, com intermináveis e cansativas repetições, nos rituais religiosos, constituem um cilício.

– Falar mal da vida alheia é um pecado grave, dona Maria. Reze cento e cinquenta pais-nossos e cem ave-marias.

– Mas, padre, para que tanto? Não dá para fazer um abatimento?

– Prefere arder no inferno?

***

No item 26 diz a entidade que assina *Um anjo guardião*:

Se quereis um cilício, aplicai-o às vossas almas e não aos vossos corpos.

Fustigai o vosso orgulho, recebendo, sem murmurar, as ofensas.

Flagiciai o vosso amor próprio, suportando com serenidade a injúria e a calúnia.

Aí tendes o verdadeiro cilício, a atestar a vossa coragem de enfrentar as provações humanas, submetendo-se aos desígnios divinos.

Fica bem claro que o verdadeiro cilício está no esforço ingente de nossa renovação, combatendo imperfeições e mazelas, renunciando às ambições, aos vícios, ao orgulho, à vaidade, causas geradoras de nossos males.

***

Existem *cilícios cármicos*, problemas físicos e psíquicos, doenças e tensões, intranquilidade e insegurança, angústia e tristeza, fruto do que aprontamos em vidas anteriores.

Não se trata de iniciativa ingênua ou mal orientada.

É imposição da própria consciência, em face de comportamento comprometedor.

As ciências psicológicas têm avançado bastante nesse particular, demonstrando que, não raro, os males do paciente guardam origem em complexos de culpa.

Aproximam-se dos princípios espíritas. Falta apenas aos psicólogos avançar no tempo pretérito e descobrir que esses cilícios estão vinculados às nossas iniciativas infelizes em vidas anteriores.

Na legislação penal há hoje as penas alternativas para crimes leves e réus primários.

Alguém que exercita comportamento inconveniente em praça pública, que comete uma agressão ou outras infrações simples, não sofre a privação da liberdade. Assume o compromisso de realizar serviços comunitários por determinado período.

A justiça humana imita a justiça divina.

Sejam os nossos males determinados por algo comprometedor que estamos fazendo ou que fizemos no pretérito, vale lembrar afirmativa importante do profeta Oseias, citada por Jesus *(Mateus, 9:13):*

Misericórdia quero, e não sacrifício.

A mesma ideia está contida no *Sermão da Montanha*, quando Jesus afirma (*Mateus, 5:7):*

Bem-aventurados os misericordiosos, porque alcançarão misericórdia.

Deus não quer que mortifiquemos o corpo, que nos isolemos da vida social, que carreguemos complexos de culpa, consciente ou inconscientemente, a nos infelicitarem.

O Senhor espera apenas que sejamos misericordiosos.

Seria a capacidade de nos compadecermos das misérias alheias, fazendo algo por amenizá-las.

O supremo cilício é lutar contra a tendência ao acomodamento, à inércia, para uma participação efetiva em favor do bem comum.

Os que o fazem instalam o Bem no próprio coração, libertando-se de temores e dúvidas, fantasias e superstições.

***

Uma creche filantrópica deixou admirada a repórter que preparava matéria sobre instituições de atendimento a crianças carentes da periferia.

Tudo bem organizado, limpo, funcionários atenciosos e dedicados, trabalho impecável.

E comentava com a dirigente:

– Soube que a senhora é o cérebro e o coração desta entidade, dando-lhe essa feição acolhedora e eficiente. Falam de sua dedicação e desprendimento.

– Ah! É exagero inspirado na bondade dos que trabalham comigo. Sou apenas uma peça nesta engrenagem. E saiba que não tenho qualquer mérito. Estou aqui cumprindo pena alternativa.

A repórter espantou-se:

– Pena alternativa?! Não posso imaginar a senhora praticando delitos...

– Hoje não, minha filha. No passado porém, fui uma criminosa. Falo como espírita. Na vida anterior pratiquei várias vezes o aborto delituoso, acumulando desajustes que nesta vida se manifestaram desde a juventude, na forma de indefinível angústia, que resvalou para a depressão. Sofri muito. Conhecendo o Espiritismo, tive notícia de meu passado e a bondade divina concedeu-me, por abençoada pena alternativa, dirigir esta instituição. Estou resgatando meus débitos sem tristezas, exercitando amor pelas crianças.

Ah! Abençoada Misericórdia Divina!

***

Em tempo, leitor amigo.

O marido disposto ao cilício de comprar uma melancia na madrugada, não a encontrou.

A esposa passou vontade, mas, para decepção dos que defendem a tese, a criança nasceu de cara limpa, sem angioma.

Fraturar a mão

Nunca será demais repetir que um dos princípios básicos da Doutrina Espírita é a Lei de Causa e Efeito, segundo a qual receberemos sempre de volta as consequências de nossas ações, tanto para o Bem quanto para o Mal, de forma a aprendermos o que devemos e o que não devemos fazer.

Com relação ao Mal seria algo como fraturar a mão ao dar um soco em alguém, atendendo a dois objetivos:

Primeiro: Conter o impulso de *esmurrar* (ofender, gritar, prejudicar, agredir, xingar) pessoas para resolver pendências.

Segundo: Constatar que a agressividade complica a existência.

***

Há, em relação ao assunto, dois aspectos a serem considerados:

Primeiro: o mal que exercito contra mim mesmo.
Exemplo:
Reitero o problema do fumante.
Se você é fumante, leitor amigo, certamente não vai ficar aborrecido comigo por insistir que o cigarro acaba provocando um câncer nos pulmões, na boca, no estômago...
A idéia não é amedrontá-lo.
O que desejo com essa insistência é apavorá-lo!
De tal forma que deixe de fumar hoje mesmo!
Caso não o faça, as consequências dolorosas, que poderiam ser evitadas com a eliminação do vício, servirão como elementos de contenção para que você deixe esse enroladinho malcheiroso que, segundo as más línguas, tem uma brasa de um lado e um bobo do outro.
Quem o faz exercita um masoquismo às avessas. Ao invés de encontrar prazer na dor, acaba encontrando a dor porque busca o prazer no lugar errado.

Segundo: o mal que faço aos outros.
Exemplos:
Se dou um tiro em alguém, estarei desajustando um centro perispiritual correspondente à natureza de

meu crime e males físicos e desajustes psíquicos marcarão minha vida no resgate compulsório de meu débito para que eu aprenda que não devo resolver minhas pendências dando tiros nas pessoas.

Se exercito a fofoca, essa autoafirmação às avessas, em que pretendo ser melhor do que meu semelhante, detendo-me em supostos erros alheios, desajusto centros perispirituais relacionados com a comunicação verbal. Mais cedo ou mais tarde terei dificuldades para exprimir-me, aprendendo que não devemos usar a língua como *luva de boxe* a *nocautear* reputações.

Se exerço uma liderança autocrática e agressiva, no lar, na profissão, valendo-me de poderes para espezinhar e maltratar os que comigo convivem, acabarei numa condição de subalternidade, onde serei espezinhado e explorado, aprendendo, por dolorosa experiência pessoal, que não devo *usar os punhos* como instrumento de comunicação.

Reclamamos, com razão, do clima de impunidade existente na política brasileira, com uma corrupção quase institucionalizada, em que o candidato se elege para atender aos seus interesses escusos, sem cuidar dos legítimos interesses da população.

A justiça humana é extremamente falha nesse particular. Políticos venais sempre conseguem burlá-la. Porém não burlam as leis divinas. Cedo ou tarde, todos os que se envolvem com o crime, a corrupção, prestarão contas, sofrerão as consequências, nesta vida ou em vida futura.

***

Problemas de hoje refletem o mal praticado no passado, com variedade infinita de situações em que a Vida corrige nossos desvios.

Um viúvo vive às voltas com filha difícil, jovem de vinte anos que o desrespeita, que não se submete a qualquer disciplina; não quer estudar, nem trabalhar, comportamento agressivo.

Ele a ama, sente-se responsável por seu futuro, atormenta-se com seus desmandos, tenta, desesperadamente, ajudá-la a seguir caminhos de equilíbrio.

Tivesse conhecimento do passado e poderia identificar claramente as razões dos problemas com a filha.

Na existência anterior ele seduziu uma jovem e a iniciou na prostituição, colocando-a a seu serviço naquela que se diz *a mais antiga das profissões*. Ela envolveu-se com drogas, mergulhou no desatino, afundou em lamentáveis comprometimentos morais e acabou morrendo num catre de indigência.

No plano espiritual, após a morte, ele sofreu por bom tempo em regiões umbralinas as consequências de seus desatinos na carne, até que experimentou aquele *cair em si,* da parábola do filho pródigo.

Reconheceu seus comprometimentos morais e orou com fervor, lavado em lágrimas, implorando o socorro divino.

A partir de então foi encaminhado a instituição socorrista do mundo espiritual, onde pôde avaliar a extensão de seus comprometimentos.

Pesava-lhe, sobretudo, o mal que fizera à jovem.

Planejou, então, o retorno à carne, com o propósito de ajudá-la a reerguer-se, na condição de seu pai.

Estavam explicadas suas dificuldades com a filha. Por que ela o desrespeitava e parecia ter prazer em contrariá-lo. Não obstante as bênçãos do esquecimento e os laços da consaguinidade, a jovem guardava a mágoa do passado, exigindo muita paciência da parte dele.

São dolorosas experiências educativas que pedem abnegação e sacrifício.

***

Se bem analisarmos, poderemos até ter idéia do que andamos aprontando em vidas anteriores, para nos vermos hoje às voltas com problemas difíceis, que nos fazem sofrer, atendendo aos princípios de causa e efeito que nos regem.

São múltiplos os exemplos, e estejamos certos de que sempre haverá razão para enfrentarmos as situações difíceis em que nos debatemos.

Essa realidade, proporcionada pela Doutrina Espírita, implica o empenho por mudar o rumo de nossa vida, não por bondade, ou não estaríamos morando na Terra, mas por consciência de que assim é preciso.

***

Considerando que os males humanos, de ordem social, moral, familiar ou física, têm origem em males que praticamos, situando-se como elementos de resgate e reajuste, fica a pergunta:

Será lícito interferir, amenizando ou eliminando sofrimentos alheios, tirar o gesso de seus punhos, fazer uma fisioterapia, considerando que é a justiça divina que está sendo cumprida?

Interessante questão.

Se as pessoas *usaram mal as mãos* e hoje estão imobilizadas em situações variadas, envolvendo necessidade, carência, fome, doença...

Se recebem de volta o mal que fizeram para que aprendam o que devem e o que não devem fazer, será lícita a nossa interferência, amenizando seus padecimentos ou interrompendo seu resgate?

Um exemplo:

O cidadão é pobre, ele e sua família têm vida miserável, cheia de privações e necessidades não satisfeitas, porque em vida anterior usaram mal os recursos materiais, comprometendo-se em desmandos e viciações.

Será lícito ajudá-lo, oferecendo-lhe recursos para que desfrute uma existência mais tranquila e feliz, interrompendo a lição que a Vida lhe impôs?

Kardec exprime essa mesma dúvida, quando pergunta, no item 27:

Deve alguém pôr termo às provas do seu próximo quando o possa, ou deve, para respeitar os desígnios de Deus, deixar que sigam seu curso?

Na resposta, assinada por *Bernardino*, um Espírito mentor, destacamos:

... *É certo que as vossas provas têm de seguir o curso que lhes traçou Deus; dar-se-á, porém, conheçais esse curso?*

Sabeis até onde têm elas de ir e se o vosso Pai misericordioso não terá dito ao sofrimento de tal ou tal dos vossos irmãos: "Não irás mais longe?"

Sabeis se a Providência não vos escolheu, não como instrumento de suplício para agravar os sofrimentos do culpado, mas como o bálsamo da consolação para fazer cicatrizar as chagas que a sua justiça abrira?

Não digais, pois, quando virdes atingido um dos vossos irmãos:

É a justiça de Deus, importa que siga o seu curso.

Dizei antes:

Vejamos que meios o Pai misericordioso me pôs ao alcance para suavizar o sofrimento do meu irmão.

Vejamos se as minhas consolações morais, o meu amparo material ou meus conselhos poderão ajudá-lo a vencer essa prova com mais energia, paciência e resignação.

Vejamos mesmo se Deus não me pôs nas mãos os meios de fazer que cesse esse sofrimento; se não me deu a mim, também como prova, como expiação talvez, deter o mal e substituí-lo pela paz.

O argumento do Espírito é de clareza meridiana, bem de acordo com os princípios da Doutrina Espírita.

Diante das misérias humanas não nos é lícito argumentar, sob inspiração do egoísmo, que Deus sabe o que faz e que se males existem é porque as pessoas devem pagar por seus crimes, seus erros, seus vícios.

O argumento deve ser diferente:

Se Deus colocou essa pessoa em meu caminho, certamente é porque deseja usar-me como instrumento para atenuar seu resgate ou dar-lhe fim, se já o completou.

***

Como estímulo ao empenho do Bem *à mão cheia,* como diria Castro Alves, a Lei de Causa e Efeito pode ser encarada como uma conta corrente no Banco da Vida.

Há dois componentes básicos: débito e crédito.

Débito – o que fazemos de errado.
Crédito – o que fazemos de certo.

Débito – o Mal.
Crédito – o Bem.

Débito – prejuízos que causamos.
Crédito – benefícios que produzimos.

Tendo consciência disso, será um ato de inteligência o empenho no Bem e a eliminação do Mal em nosso comportamento.
Evitar mãos fechadas, no ato de agredir.
Manter mãos abertas, no ato de servir.
Lançar apenas créditos, de forma a diminuirmos o saldo negativo, que todos trazemos de existências anteriores.
Se você imagina que seu saldo é positivo porque é uma boa pessoa, sensato, virtuoso, caridoso, um primor, pergunto-lhe: como veio parar neste planeta de Expiações e Provas? Terá ocorrido alguma pane nos computadores celestes, alterando sua localização?

***

Comentei esse assunto com o dirigente de instituição espírita que realiza, mensalmente, venda de empadões de frango e de palmito, em benefício dos serviços assistenciais.
Ele sugeriu, entusiasmado:
– Não poderíamos usar esse argumento para vender nossos empadões? Cada empadão que a

pessoa comprasse ou ajudasse a vender seria um crédito em sua *conta-corrente*, aliviando seus débitos, melhorando sua vida, habilitando-se ao equilíbrio e à paz. Seria abençoada fisioterapia nos *punhos* lesionados.

E acentuava, entusiasmado:

– Poderíamos criar *slogans*.

Seu empadão vale um perdão!
Dois empadões acalmam a inquietação!
Cinco empadões aliviam a depressão!
Dez empadões da sogra o livrarão!

Sem dúvida seria ótimo. Venderia muitos empadões, mas talvez não funcionasse tão bem para os participantes, porquanto sua iniciativa seria movida pelo interesse em receber benefícios. De certa forma seria algo motivado pelo egoísmo, que não é um bom catalisador das bênçãos divinas.

Quando Simão Pedro afirma que *o amor cobre a multidão dos pecados*, está nos explicando que não vale muito fazer algo para receber benefícios.

É preciso fazer com amor.

E o que fazemos com amor não apenas vale mais, mas produz mais.

Se participo de grupo mediúnico, de trabalho de passes, de núcleo de promoção humana ou de casa de sopa apenas porque me disseram que devo fazer algo pelo próximo, a fim de merecer as dádivas divinas, não serei firme, nem assíduo, nem produtivo, com facilidade para desistir.

Mas se faço por amor, se tenho amor ao grupo do qual participo, amor ao trabalho, nada quebrará meu ânimo, minha disposição de perseverar, sempre fazendo o melhor.

Se me proponho a vender empadões com a ideia de que estarei fazendo jus às dádivas celestes, talvez venda alguns.

Será diferente se o fizer por amor, envolvendo-me com esse serviço e os benefícios que lhe advirão.

Baterei recordes na venda de empadões.

Amor é o grande investimento que fazemos para nosso futuro, para nossa felicidade.

É o que nos ensina Madre Tereza de Calcutá ao afirmar:

Quando você morrer, Deus não perguntará quantas coisas boas você fez em sua vida.

Apenas desejará saber quanto amor você colocou naquilo que fez.

Eutanásia

Em seu ensaio *História da Vida e da Morte*, publicado em 1623, o filósofo inglês Francis Bacon (1561-1626) cunhou o termo *Eutanásia*, definindo-o como a *morte branda*, sem sofrimentos, para pacientes terminais, portadores de doenças dolorosas e graves.

Na verdade, ele apenas *deu nome aos bois*.

Desde culturas mais antigas observa-se essa tendência.

Se o paciente está mal, sofrendo muito, cogita-se em *dar um jeito na sua dor*, despachando-o para o Além.

Essa prática está associada, em algumas culturas, à eugenia, a exprimir-se na eliminação de crianças que nascem com deficiências físicas e mentais, a fim de *depurar* a raça.

Assim era feito em Esparta, a cidade guerreira da antiga Grécia.

Foi uma das bandeiras delirantes de Hitler. Que se eliminassem pacientes imobilizados no leito e portadores de deficiências físicas e mentais, em favor da raça ariana pura, capaz de dominar o mundo por mil anos.

***

Considerada crime, na legislação humana, a eutanásia ganha adeptos em todas as culturas.

Em alguns países há movimentos no sentido de legalizá-la, sobretudo quando exprima desejo do próprio doente, permitindo-lhe tomar a iniciativa de abreviar seus sofrimentos, aqui uma autoeutanásia.

O filme espanhol *Mar Adentro,* que ganhou o Oscar de melhor filme estrangeiro de 2004, enfoca uma história real.

Após vinte e oito anos tetraplégico, em virtude de acidente, o espanhol Ramón Sampedro lutou para conseguir junto à justiça o direito de se matar, cansado da total dependência e imobilidade.

Homem inteligente, questionava vários aspectos da existência humana, insistindo na tese de que deveria ter o direito de acabar com seu sofrimento.

O filme suscitou muitos debates e sempre é lembrado em movimentos populares que objetivam uma legislação pró-eutanásia.

Em alguns países, como Holanda e Austrália, é legalmente permitida, o mesmo acontecendo em alguns Estados americanos.

Ainda que considerada crime, a eutanásia é largamente aplicada no Brasil.

É frequente o próprio médico, diante do paciente terminal em sofrimento, sugerir à família *misericordiosa* e fatal dose de analgésicos, convo-cando a morte.

Tive oportunidade de acompanhar o diálogo entre o médico e o filho de um paciente terminal, vitimado pelo câncer.

O filho pergunta:

– Pode amenizar sua dor?

– Estamos no limite de uso da morfina.

– Não pode aumentar a dose?

– Ocorrerá uma overdose. Ele não resistirá.

– O que o senhor acha?

– A decisão é sua.

– Aumente a dose.

Assim foi feito.

Pouco depois, o paciente falecia, o que, segundo a legislação brasileira, seria considerado assassinato, dos muitos cometidos diariamente, em surdina, nos hospitais.

***

Há outro aspecto.

Como a manutenção do paciente terminal internado numa UTI é oneroso, os sistemas de saúde costumam fazer vistas grossas a esse procedimento que reduz custos.

Tudo feito tranquilamente, contrariando a própria missão do médico, que é salvar doentes e não matá-los.

E desrespeitando o juramento de Hipócrates, o Pai da Medicina, que num de seus trechos mais significativos e lúcidos diz:

Aplicarei o tratamento para o bem do doente, segundo o meu poder e entendimento, jamais para causar dano ou mal a alguém.

A ninguém darei remédio mortal nem um conselho que induza à morte.

Um compromisso que constitui letra morta para muitos médicos que lidam com pacientes terminais.

***

Sob o ponto de vista materialista não há por que discutir a eutanásia. Se a vida acaba no túmulo, por que prolongar o sofrimento de alguém?

Para qualquer pessoa que tenha doença grave e incurável, com drástica redução na qualidade de vida, tornando a existência um fardo, como é o caso do espanhol, melhor abreviar seu sofrimento.

Mas, se analisarmos a questão sob o ponto de vista religioso...

Se considerarmos que a vida estende-se além-túmulo...

Se admitirmos que somos Espíritos imortais em trânsito pela Terra...

Se reconhecermos que estamos sob a regência de um Senhor Supremo, o Criador, que nos deu a vida, e que cobrará de nós o que estamos fazendo dela, então será preciso cuidado.

A eutanásia efetua lamentável transferência de competência, quanto ao término da vida do paciente.

De Deus para o médico, ou para a família, ou para o próprio doente.

Forçoso considerar, amigo leitor, que isso não é lógico nem racional.

Se Deus nos concede, *por empréstimo,* o corpo para trânsito pela matéria, não nos é lícito destruí-lo, ainda que se transforme num calhambeque. Todas as religiões são concordes sobre o assunto.

Curiosamente, religiosos que defendem a eutanásia alegam intenção misericordiosa, como se Deus não o fosse.

***

A Doutrina Espírita avança bem longe nesse terreno, à medida que nos mostra as realidades espirituais e nos permite contato com mentores espirituais que nos orientam a respeito do assunto.

Tal acontece no item 28, quando Kardec pergunta:

Um homem está agonizante, presa de cruéis sofrimentos. Sabe-se que seu estado é desesperador. Será lícito poupá-lo de alguns instantes de angustia, apressando-lhe o fim?

A resposta vem assinada por São Luís.

Oportuno, abrir parêntesis, amigo leitor: Trata-se de Luís IX (1214-1270), famoso rei francês no século treze.

Por seus dotes de virtude e justiça, foi o *déspota esclarecido*, como sugeriria o Iluminismo Francês do século XVIII, alguém que, detendo todo poder, o exerce de forma justa e virtuosa, em benefício do povo.

Canonizado pela igreja católica, Luís IX confirmou suas virtudes ao ter a honra de participar da Codificação da Doutrina Espírita, como um dos mentores de Kardec.

Ao transcrever várias de suas mensagens em suas obras, Allan Kardec conservou, para efeito de identificação, como o fizera em relação a Santo Agostinho, a adjetivação de santidade que lhe foi atribuída: São Luís.

Diz ele, respondendo a Kardec:

Quem vos daria o direito de prejulgar os desígnios de Deus?
Não pode ele conduzir o homem até a borda do fosso, para daí o retirar, a fim de fazê-lo voltar a si e alimentar ideias diversas das que tinha?
Ainda que haja chegado ao fim um moribundo, ninguém pode afirmar com segurança que lhe haja soado a hora derradeira. A ciência não se terá enganado nunca em suas previsões?

Creio que todos nós conhecemos a experiência de gente *mais pra lá,* que acabou permanecendo *por cá.*

A literatura espírita nos fala de pacientes terminais que receberam uma espécie de *moratória*, com a oportunidade de estagiar na carne por mais tempo.

Conheço um confrade que está em *moratória*, há mais de vinte anos, devotado ao serviço do Bem, o melhor argumento para que nossos mentores espirituais avalizem nossa permanência na carne.

Continua São Luís:

Sei bem haver casos que se podem, com razão, considerar desesperadores; mas, se não há nenhuma esperança fundada de um regresso definitivo à vida e à saúde, existe a possibilidade, atestada por inúmeros exemplos, de o doente, no momento mesmo de exalar o último suspiro, reanimar-se e recobrar por alguns instantes as faculdades!

Pois bem: essa hora de graça, que lhe é concedida, pode ser-lhe de grande importância. Desconhecei as reflexões que seu Espírito poderá fazer nas convulsões da agonia e quantos tormentos lhe pode poupar um relâmpago de arrependimento.

O materialista, que apenas vê o corpo e em nenhuma conta tem a alma, é inapto a compreender essas coisas; o espírita, porém, que já sabe o que se passa no além-túmulo, conhece o valor desse último pensamento.

Minorai os derradeiros sofrimentos, quanto o puderdes; mas, guardai-vos de abreviar a vida, ainda que de um minuto, porque esse minuto pode evitar muitas lágrimas no futuro.

Ainda aqui temos muitos exemplos de pacientes em agonia, que, estimulados pela espiritualidade nesse momento significativo, dispõem-se à reconciliação com o desafeto ou à confissão de suas faltas, em legítimo arrependimento.

Nada disso isentará o desencarnante de suas responsabilidades, mas sem dúvida amenizará suas culpas, facultando retorno mais tranquilo à Vida Espiritual.

***

No desdobramento dos princípios espíritas há, ainda, outros aspectos interessantes a serem considerados sobre a morte.

Se fizermos uma enquete, perguntando às pessoas o que prefeririam, enfarte ou doença de longo curso, certamente a maioria escolheria a primeira opção.

Ocorre que não é boa escolha. Se o Espírito não estiver preparado, desprendido dos interesses materiais, terá problemas de adaptação à vida espiritual.

Isso não ocorre com a doença de longo curso. O paciente desapega-se aos poucos no que diz respeito à vida material – negócios, profissão, sexo, vícios...

Tende a voltar-se para a religião, a cultivar a oração.

Por outro lado, afrouxam-se os laços que o ligam ao corpo, de tal forma que, quando exalar o último suspiro já estará em início de desligamento, sem maiores problemas no trânsito para o Além.

***

Não é interessante, portanto, amigo leitor, a misericordiosa intenção de abreviar sofrimentos na Terra, o que apenas produzirá indesejáveis sofrimentos no Além.

A eutanásia fatalmente causará embaraços ao Espírito.

No livro *Obreiros da Vida Eterna,* o Espírito André Luiz fala de um paciente terminal. Homem pobre, num leito de indigentes, no hospital.

Médicos e enfermeiros cansados de cuidar daquele farrapo humano em que se convertera o paciente, decidiram pela eutanásia, mesmo porque não havia parentes ali com quem discutir o assunto.

Mentores espirituais que assistiam o paciente tiveram uma reação que surpreendeu André Luiz. Tentaram iniciar o processo desencarnatório, antes que o médico tomasse a providência de injetar-lhe fulminante dose de anestésico.

Não deu tempo. Quase de imediato ocorreu o óbito.

André Luiz viu os mentores ampararem o Espírito em extrema debilidade e confusão mental que atrasaria sua adaptação à vida espiritual, consequência da *overdose* que repercutira no perispírito.

A piedosa intenção de abreviar seus padecimentos apenas criara problemas para ele na Vida Espiritual.

***

Com essas evidências a Doutrina Espírita deixa bem claro que a eutanásia não é aconselhável, nem aceitável em caso algum.

E mesmo enfrentando problema como o do espanhol Ramón, sempre poderemos ser úteis, valorizando nossos sofrimentos.

Vale lembrar sempre a experiência maravilhosa de Jerônimo Mendonça, um caso pior que o do espanhol Ramón, porquanto esteve totalmente imobilizado no leito, por trinta anos, cego nos últimos dez.

Nunca pensou em se matar, e fez de sua existência exemplo marcante de como enfrentar a adversidade com coragem e disposição.

Não obstante sua precária condição, foi pregador espírita, fundador de uma creche, dirigente de um centro espírita.

Jamais se deixou abater.

***

Na caso dos pacientes terminais, há uma tendência interessante na Medicina, que é a aplicação da ortotanásia, cuja definição se aproxima da eutanásia – morte branda.

Mas o significado é bem diferente.

Morte branda, não no sentido de eliminar a vida, mas de assistir o paciente para que ele não sofra, deixando a natureza seguir seu curso. Se ela está sinalizando que o paciente deve partir, por que segurá-lo com a parafernália de uma UTI que apenas vai prolongar sua agonia?

Na ortotanásia os médicos assistem o paciente para que não tenha dor, mas não usam nenhum recurso para impedir a morte.

Sempre que possível, ele permanece no aconchego do lar, ao lado dos familiares, evitando as tensões do hospital.

Foi isso o que aconteceu com o Papa João Paulo II. Por iniciativa dele mesmo, foi transferido de uma UTI para seu quarto no Vaticano, e ali morreu, assistido por assessores e amigos, sem dilações indesejáveis.

O ideal seria o próprio Espírito, sentindo aproximar-se a hora da morte, providenciar um autodesligamento.

Isso é feito por homens de elevada condição evolutiva.

Foi feito por esse gigante espiritual, Chico Xavier.

Sentindo aproximar-se o momento de retorno à Pátria Espiritual, abraçou os familiares como quem vai dormir, entrou no seu quarto, deitou-se e partiu tranquilo, sendo recebido com festas na Espiritualidade.

Se morrêssemos hoje

Aqueles que se submetem a grandes riscos, como pilotos de Fórmula Um, a mais famosa corrida de automóveis, não seriam, de certa forma, suicidas, abreviando a existência num acidente grave?
Ouço com frequência essa pergunta.
Salvo melhor juízo, respondo negativamente, porquanto ninguém escolhe essa profissão com intenções suicidas. Pelo contrário, há muito cuidado com a segurança.
Desde 1994, quando morreu Ayrton Senna, até o momento em que escrevo estas *mal traçadas*, não houve vítima fatal naquelas pistas.
Em contrapartida, só no Brasil morrem perto de quarenta mil pessoas, anualmente, no trânsito.
Pasme, leitor amigo! Seiscentas mil mortes desde o acidente que vitimou o famoso piloto.
É como se estivéssemos numa guerra civil!

***

Não obstante, ocorrem *acidentes* planejados por quem deseja a própria morte.

Há certo constrangimento no candidato a suicida quanto à repercussão do gesto tresloucado. A opinião pública concebe o suicídio como lamentável ato de fuga que mancha a biografia do morto.

Por outro lado, há o seguro de vida. Se o óbito ocorre por suicídio, beneficiários de eventual seguro nada recebem.

A solução: provocar um acidente mortal. O suicida joga seu veículo sobre outro que transita em sentido contrário, em terrível choque frontal.

É a pior de todas as colisões automobilísticas, porquanto, somadas as velocidades de ambos, digamos cem quilômetros horários, teríamos um impacto comparável ao choque numa parede de concreto a duzentos quilômetros.

Lamentável, porquanto, além de matar-se o suicida leva consigo gente inocente, o que vai pesar ainda mais no balanço de sua existência.

***

Com idênticos escrúpulos quanto à sua memória, há os que se expõem numa guerra.

Na imaginação conturbada do candidato ao suicídio, lutar pela pátria seria uma forma honrosa de matar-se.

Li certa feita a história de um homem que, com essa macabra intenção, expunha-se em mil batalhas, cometia toda sorte de imprudências ante o fogo inimigo. Acabou morrendo depois de realizar proezas de que só a loucura é capaz.

Foi aclamado como herói, com direito a estátua em praça pública.

E daí, qual seria sua posição na Espiritualidade?

Afinal, foi útil à pátria, combateu seus inimigos...

Kardec aborda essa questão no item 29:

Aquele que se acha desgostoso da vida, mas que não quer extingui-la com suas próprias mãos, será culpado se procurar a morte num campo de batalha, com o propósito de tornar útil sua morte?

Diz São Luís:

Que o homem se mate ele próprio, ou faça que outrem o mate, seu propósito é sempre cortar o fio da existência; há, por conseguinte, suicídio intencional, se não de fato.

É ilusória a ideia de que sua morte servirá para alguma coisa; isso não passa de pretexto para colorir o ato e escusá-lo aos seus próprios olhos.

Se ele desejasse seriamente servir ao seu país, cuidaria de viver para defendê-lo; não procuraria morrer, pois que, morto, de nada mais lhe serviria...

Sua resposta não deixa dúvidas quanto ao comprometimento de quem busca a morte por vias indiretas, expondo-se em batalhas.

Responderá por isso.

***

Questionará o leitor amigo:

Como ficam as bombas humanas, árabes que literalmente se vestem de explosivos, detonando-os em logradouros públicos com a intenção de trucidar o maior número possível de *infiéis*?

Eu diria que a intenção de defender seus ideais, se legítima, serve-lhes de atenuante, mas há terrível agravante: o fato de exercitarem a mais covarde de todas as ações bélicas – o terrorismo.

Seus partidários não se constrangem em matar inocentes para atender aos seus objetivos.

Pior é a motivação egoística.

O homem-bomba alimenta ilusão de que morrerá como mártir de nobre causa.

Como tal terá trânsito rápido para o paraíso.

Ali, entre gozos celestes, o prêmio maior: setenta e duas virgens para servi-lo!

Irresistível, não é mesmo, amigo leitor?

É o que lhes prometem seus superiores, que certamente não acreditam na própria pregação. Se acreditassem teriam todo interesse em dar o exemplo aos seus comandados.

***

Heróis, bombas humanas e todos que simulam acidentes para disfarçar sua fuga, encontram penosas surpresas no mundo espiritual.

Qualquer iniciante espírita sabe que o suicida provoca destrambelho perispiritual violento, que lhe imporá amargos sofrimentos por tempo imprevisível, nunca menor que duzentos anos, como afirmava Chico Xavier.

Se lhe parece tempo longo demais, amigo leitor, considere o estágio de sofrimento no mundo espiritual, que pode prolongar-se por décadas, e as reencarnações retificadoras, em que os desajustes perispirituais se refletirão no corpo físico, dando origem a males variados, de conformidade com a natureza do suicídio.

Pior são esses suicídios que provocam a morte de outras pessoas, ampliando os comprometimentos cármicos do suicida.

Se esses infelizes soubessem o que os espera, desertariam não da vida, mas dessas fileiras de insanidade que, em nome da paz para seu povo apenas perpetuam a violência e o sofrimento.

***

Há outro lado da moeda: aqueles que se arriscam em favor do próximo.

Um exemplo: os bombeiros, os soldados do fogo, que não raro acabam perdendo a vida no propósito de salvar gente em perigo.

Perto de trezentos bombeiros entraram nas torres gêmeas de Nova York para socorrer os feridos, após o atentado terrorista árabe. Todos morreram e certamente foram muito bem amparados pela espiritualidade, heróis de verdade.

Outro exemplo notável é a organização internacional *Médicos sem Fronteiras,* formada por milhares profissionais de saúde que trabalham mundo afora, como a própria denominação define.

Atuam em áreas de conflitos, de epidemias, de carências extremadas, orientando, curando, amparando, sempre com a bandeira da paz, sem outro propósito do que exercitar a solidariedade.

Médicos sem Fronteiras recebeu o prêmio Nobel da paz, em 1999, o que atesta seu valor.

No desdobramento de seu trabalho, esses abnegados profissionais de saúde sabem que correm muitos riscos – as precárias condições de serviço, insalubridade, epidemias e, sobretudo, a ameaça à integridade física, já que atuam também em regiões conflagradas por guerras civis, principalmente na África.

Há os que morrem no desdobramento de sua abençoada tarefa.

Estes também retornam ao plano espiritual como legítimos heróis.

Não morreram para matar.

Morreram para salvar!

Não morreram pela causa da guerra.

Morreram pelo ideal da paz!

Diz São Luís, na mesma mensagem, a propósito do assunto:

O verdadeiro devotamento consiste em não temer a morte, quando se trate de ser útil, em afrontar o perigo, em fazer de antemão, e sem pesar, o sacrifício da vida, se for necessário...

***

No item 30, Kardec busca outro ângulo da questão:

Se um homem se expõe a um perigo iminente para salvar a vida a um de seus semelhantes, sabendo de antemão que sucumbirá, pode o seu ato ser considerado suicídio?

Resposta de São Luís:

Desde que no ato não entre a intenção de buscar a morte, não há suicídio e, sim, apenas, devotamento e abnegação, embora também haja a certeza de que morrerá.

Como diz o mentor, vale sempre a intenção.
Lembro de uma história envolvendo hipótese astronômica:

Gigantesco asteroide entrou em rota de colisão com a Terra. O impacto equivaleria à explosão de milhares de bombas atômicas, com efeito devastador para populações de vários países.

Uma nave espacial carregada de mísseis atômicos foi enviada até o asteroide para implodi-lo. Houve problemas e a única solução seria jogar a nave sobre ele.

A tripulação se dispôs a fazê-lo, condenando-se à morte.

Mas, com seu gesto extremo salvaram imensas populações.

Foram heróis, não suicidas.

***

Quando se trata de sacrifícios em favor do bem comum, é sempre bom lembrar a figura augusta do Cristo.

Imaginemos um missionário que se disponha a trabalhar em remota aldeia indígena no interior da África, nos confins do Mundo.

As condições ali são as mais precárias.

Tribo ignorante, primitiva, agressiva, indolente...

O missionário sabe que acabará sendo trucidado por aqueles selvagens, mas vai assim mesmo. Considera que deixará para eles rudimentos de civilização, orientações que mais cedo ou mais tarde repercutirão na vida da aldeia, gerando melhores condições de vida.

Jesus foi o grande mensageiro divino que renunciou aos páramos celestiais, submetendo-se ao penoso sacrifício de usar pesada armadura de carne para transitar entre os homens, a fim de oferecer-lhes sua gloriosa mensagem de renovação.

Sabia que seria assassinado por gente incapaz de assimilar sua mensagem, o que afirmou em várias oportunidades, mas deixaria as bases de um mundo melhor, na edificação do Reino de Deus.

Se analisarmos todas as conquistas humanas no campo social, nos códigos de justiça, encontraremos sempre algo das lições e dos exemplos do Missionário Divino.

Dizem os teólogos que Jesus lavou os pecados humanos, trazendo-nos a salvação.

Simbolicamente, se há algo que o sangue derramado por Jesus fez, foi fecundar a Humanidade para os valores do Bem, que irão crescendo paulatinamente em nós, à medida que entendamos e vivenciemos sua mensagem, salvando-nos do egoísmo que sustenta o mal na Terra.

Deixou o Mundo melhor, incomparavelmente melhor.

***

Quanto a nós outros, herdeiros do patrimônio maravilhoso legado pelo Mensageiro Divino, somos convocados, também, a exercitar sacrifício.

Não o sacrifício da própria vida, que de tanto não somos capazes, nem tanto nos é solicitado.

O que Jesus espera é que estejamos dispostos a sacrificar nossos interesses, nossas ambições, nosso egoísmo, usando parte de nosso tempo, de nossos recursos em favor da coletividade.

Muitos religiosos aguardam um decreto divino que transformará a Terra num paraíso, onde a fraternidade, o amor, a solidariedade, e todas as virtudes ensinadas e exemplificadas por Jesus constituirão bem comum, fazendo desaparecer as injustiças sociais, a miséria, a desonestidade, o crime, o mal...

Ledo engano, que confunde efeito com causa.

Não seremos bons quando se instalar o Reino de Deus na Terra.

O Reino de Deus na Terra só será instalado quando formos bons.

Para tanto somos estimulados pelo Evangelho a servir o próximo, a trabalhar de forma que as pessoas possam dizer, quando retornarmos ao mundo espiritual: deixou a Terra um pouco melhor do que quando chegou.

Eis uma pergunta que deveríamos formular de vez em quando, a nós mesmos:

Se eu morresse hoje, levaria o mérito de ter deixado o mundo melhor?

Abraçar para voar

O que faz uma sociedade são pessoas que a compõem.

Pode ser progressista ou retrógrada, espiritualizada ou materialista, tranquila ou agitada, saudável ou doente, atendendo às disposições da maioria.

Considerando que a população terrena forma uma grande sociedade, como poderíamos classificá-la?

Eu diria que é uma sociedade egoísta, porque a maioria reza pela cartilha do *cada um por si, o resto que se dane.*

Egoísmo é o móvel de uma população perto da animalidade, distante da angelitude.

Esse individualismo projeta-se na consciência dos povos e das nações, gerando conflitos sem fim, sem que ocorra a bênção de uma única hora, um único minuto de paz em plenitude no mundo, capaz de felicitar todos os homens.

Por isso, os mentores espirituais que orientavam Kardec situaram a Terra como Mundo de Expiações e Provas, em que enfrentamos dificuldades, dores e problemas, originários do egoísmo exercitado no passado e no presente.

Provas para aqueles que, a partir do além, conscientes da necessidade de combater suas imperfeições e resgatar débitos, concebem o tipo de vida e os problemas que enfrentarão.

Expiações para os que passam pelas mesmas experiências, não como escolha, mas como imposição da lei divina, a partir de planejamento feito por mentores espirituais.

***

A propósito há interessante pergunta de Kardec no item 31:

Os que aceitam resignados os sofrimentos, por submissão à vontade de Deus e tendo em vista a felicidade futura, não trabalham somente em seu próprio benefício?

Não poderiam tornar seus sofrimentos proveitosos a outrem?

Kardec quer dizer o seguinte: não seria a simples aceitação de provas ou expiações sem murmúrio uma requintada forma de egoísmo?

– Aceitarei tudo caladinho e irei para o Céu!

Não seria razoável fazer algo mais significativo, beneficiando pessoas, *apesar* dos próprios sofrimentos?

Responde São Luís:

Podem esses sofrimentos ser de proveito para outrem, material e moralmente.

Materialmente se, pelo trabalho, pelas privações e pelos sacrifícios que tais criaturas se imponham, contribuem para o bem-estar material de seus semelhantes.

Moralmente, pelo exemplo que oferecem de sua submissão à vontade de Deus.

Essa resposta merece cuidadosa reflexão.

São Luís nos informa que podemos fazer da provação ou expiação um instrumento de edificação àqueles que nos rodeiam, conquistando valiosos créditos perante as leis divinas.

Ele reporta-se a dois aspectos:

Material e moral.

Exemplos do aspecto material:

Grande médico, que beneficiara milhares de pessoas com seu saber e sua dedicação, recebia meritória homenagem da comunidade em que vivia.

Ao discursar, destacou:

— Fico feliz por ter meu esforço reconhecido, mas gostaria de transferir a homenagem aos legítimos merecedores dela: meus pais.

Desde garoto sonhei ser médico, mas sabia ser impossível. Minha família era muito pobre.

No entanto, ao concluir o nível secundário, meus pais garantiram que, no que dependesse deles, ficasse tranquilo.

Ambos multiplicaram-se em afazeres.

Meu pai trabalhava em três empregos, durante o dia, à noite e nos finais de semana.

Minha mãe montou pequena lavanderia doméstica.

Durante o período em que cursei medicina, ambos não tinham folga, nem sábado, nem domingo, nem feriado, nem férias. Sacrificaram-se durante anos.

Por isso, eles merecem, muito mais que eu, esta homenagem. Sem eles, eu jamais teria cursado medicina.

***

Mensalmente, na conta-corrente bancária da creche filantrópica, caía razoável depósito de doador anônimo. Assim foi durante anos, com religiosa assiduidade.

Um dia a direção da creche recebeu a carta de uma senhora que explicava:

Por doze anos cuidei de uma paciente acamada, e por recomendação sua, remetia, mensalmente, a essa instituição, um valor por ela determinado.

Eu comentava que aquele dinheiro lhe fazia falta, em face de suas necessidades, mas ela sempre respondia que enfrentaria feliz alguma privação para favorecer crianças carentes.

Agora que ela faleceu, nem por isso a creche será prejudicada. Combinei com algumas de suas amigas e continuaremos, em sua memória, a remeter algo para atender à criançada.

Aprendemos com minha patroa que as privações a que nos submetemos para atender o próximo representam um preço insignificante diante das bênçãos que recebemos quando exercitamos desprendimento.

***

No aspecto moral, alguns exemplos:

No atendimento fraterno, num Centro Espírita, a plantonista, jovem serena e simpática, conversava com uma senhora, cujo filho falecera em trágico acidente.

Estava inconsolável, incapaz de conter as lágrimas que escorriam abundantes por suas faces, julgando-se injustiçada por Deus.

— Por que eu?! Por que não outras mães?! Por que não minha vizinha?!

Explicava a plantonista:

— O Espiritismo, minha irmã, nos ensina que a morte não existe. Nossos amados continuam a viver no mundo espiritual.

Uns partem cedo, outros se demoram mais, atendendo a compromissos cármicos, mas todos nos reuniremos na espiritualidade, quando chegar a hora.

É preciso que esse reencontro se dê em bases de vitória sobre as provações humanas, com nosso empenho em enfrentar com serenidade e confiança em Deus a separação transitória.

Sempre haverá a saudade e é bom que a tenhamos, a indicar o amor em nosso coração. Ele nos realiza como filhos de Deus.

Mas é preciso que a saudade não seja maculada por sentimentos negativos de revolta e desespero, que nos desestabilizam e perturbam nossos amados no Além.

Eles precisam de nossa aceitação para que sigam seu caminho em paz.

A angustiada mãe, dominada pela revolta e pouco sensível à orientação generosamente oferecida, em determinado momento retrucou.

— Desculpe a franqueza, mas você fala assim porque não sabe o que é a dor de perder um filho.

A atendente esboçou um sorriso.

— Ah, minha irmã, eu sei sim, conheço essa dor muito de perto. Tenho convivido com ela.

E, para espanto da consulente, completou:

— Meus dois únicos filhos, flores de minha vida, faleceram num acidente, há dois anos.

***

Marina ficou arrasada quando soube que estava com câncer no seio.

A doença para ela equivalia a um atestado de óbito.

Embora o médico lhe afirmasse que o tumor era pequeno e que com a cirurgia e a quimioterapia tinha excelentes perspectivas de recuperação, ficara muito deprimida.

O marido falecera. O único filho, casado, morava em outro Estado. Nova na cidade, não tinha amigos. Sentia-se extremamente só, desolada, aflita e com muito medo.

À noite tentava distrair-se com a televisão, quando tocou o telefone.

— É Marina? – perguntou uma voz simpática.

— Sim.

— Sou Suzana. Integro um grupo de senhoras ligadas ao hospital de oncologia. Gostaríamos de visitá-la.

— Será um prazer. É algo relacionado com a cirurgia?

— Em parte, sim. Explicaremos depois.

No dia seguinte, conforme combinado, Marina recebeu Suzana e duas senhoras, um trio simpático e sorridente.

Suzana foi logo explicando:

— Estamos aqui para manifestar nossa solidariedade, Marina, não apenas com a presença, mas também com o apoio. Estaremos juntas durante a cirurgia e a acompanharemos no tratamento. Não a deixaremos só. Haverá sempre alguém com você.

Marina, um tanto constrangida, comentou:

— Acho ótimo esse apoio, é tudo o que quero, mas infelizmente não tenho condições para arcar com as despesas. Vivo apenas com uma pensão deixada por meu marido. Meu único filho mora longe e também luta com dificuldades, casado, pai de quatro filhos.

Suzana sorriu:

— E quem disse que vai custar alguma coisa? Não haverá despesas. Estamos aqui como amigas.

Marina, olhos úmidos, emocionada, comentou:
— Deus lhes pague. Não podem imaginar como é terrível enfrentar essa doença.
Suzana sorriu:
— Podemos, sim, minha querida. Todas nós tivemos câncer. Ouça bem, *tivemos*, não temos mais. Essa postura é muito importante para superar o medo. Levamos uma vida normal. Justamente porque sabemos o que é enfrentar essa barra, formamos nosso grupo para que todos os pacientes com quem lidamos saibam que não é um bicho-de-sete-cabeças. Você vai vencer essa, como nós vencemos! Estamos aqui para o que der e vier!

Graças ao apoio do grupo de senhoras, Marina submeteu-se à cirurgia, fez o tratamento, sempre acompanhada pelas novas amigas, e logo ligou-se àquele abençoado grupo de pessoas capazes de fazer de sua provação um instrumento de edificação para outras pessoas.

***

No domingo à tarde, ao sair da chácara cedida por um amigo, onde passara o final de semana com a família, Jonas não conseguia ligar o motor do automóvel.

Simplesmente não funcionava.

Para completar, seu telefone celular estava com a bateria descarregada.

Deixou a esposa e o filho esperando e saiu à procura de socorro.

Depois de uma hora de caminhada, chegou a um posto de gasolina. Estava fechado. Não funcionava aos domingos.

O vigia deu-lhe o número de um mecânico que morava em cidade próxima. Num telefone público fez a ligação.

Quando atenderam, explicou seu problema, onde estava, bem como a localização do automóvel. Precisava de socorro.

O atendente logo informou:

– Meu nome é João. Fique tranquilo. Normalmente não trabalho aos domingos, mas, tratando-se de emergência, posso chegar aí rapidinho. São apenas trinta quilômetros.

Jonas ficou aliviado e ao mesmo tempo preocupado. Não ficaria barato e ele não andava bem de finanças. Viera passar o final de semana na chácara justamente por não estar em condições de pagar hotel.

Trinta minutos depois, João chegou.

Jonas subiu em sua caminhonete e partiram.

Quando chegaram verificou, espantado, que o mecânico tinha problemas nas pernas. Usava muletas.

Valendo-se delas, aproximou-se do automóvel, fez o exame e logo informou:

— É apenas a bateria descarregada. Providenciarei uma carga já.

João era de uma simpatia cativante. Sorridente, enquanto a bateria carregava, distraiu o filho de Jonas com truques de mágica e chegou a tirar uma moeda da orelha, dando-a ao garoto.

Terminado o serviço, Jonas, preocupado, perguntou quanto era.

Surpreso, ouviu a resposta:

— Não é nada.

— Nada?!... Não entendo... Você perdeu tempo, em seu dia de folga, usou o caminhão, gastou gasolina...

— Não é nada — confirmou ele.

— Não é justo. Por favor, é minha obrigação.

Jonas sorriu

— Olhe, meu amigo, há alguns anos alguém me ajudou a sair de uma situação muito pior, num acidente em que fiquei dependente de muletas. A pessoa que me socorreu, levando-me ao hospital e salvando-me a vida, simplesmente disse o mesmo: — não é nada.

João concluiu:

— Apenas lembre-se, quando tiver oportunidade, faça o mesmo, porquanto somos todos anjos de uma asa só. Precisamos nos abraçar para voar.

***

Nessas histórias, leitor amigo, temos exemplos marcantes de superação, tanto no aspecto material quanto espiritual.

Pessoas que vencem suas provações sem cair no desespero ou na revolta, aprendendo, consoante o ensinamento do Cristo, que nossa cruz ficará leve se nos ajudarmos uns aos outros, fazendo pelo próximo todo o bem que gostaríamos nos fosse feito.

Há um problema a ser encarado.

A tendência de imaginarmos que a nossa dor é maior do que a do vizinho.

É quando sentimos pena de nós mesmos e nos fechamos, acabrunhados.

Nada mais longe da realidade. Há milhões de pessoas no mundo com problemas piores que os nossos.

Se nos sentimos o *coitadinho,* aos nossos olhos o problema ficará bem maior do que é, induzindo-nos ao desalento e à tristeza, maus conselheiros que paralisam nossa iniciativa.

Importante é não parar, seguir adiante, conservando o bom ânimo e o empenho de servir, de ajudar o próximo, fazendo sempre o melhor.

Isso é fundamental para nossa felicidade.

Lembrando o mecânico João, somos anjos de uma asa só.

É preciso que nos abracemos para que possamos ganhar o Céu.

Finalizando

Considerada a transitoriedade da existência humana, nesta escola das almas que é a Terra, tão negligenciada por alunos distraídos de suas obrigações e inconscientes de suas responsabilidades, seria oportuno refletir em torno de duas questões fundamentais.

Primeira: como estaremos ao partir.

Valem aqui a oração e a fé, ajudando-nos a transitar pelo vale de sombras da morte, como exprime o salmista.

A propósito uma ilustrativa prece sobre a postura ideal.

Robert Louis Stevenson (1850-1894), grande escritor americano, leu para a família, certa noite, uma prece para dormir que acabara de escrever:

Senhor, quando o dia voltar...
Fazei com que despertemos trazendo no coração e no rosto a alegria das alvoradas, dispostos ao trabalho, felizes se de felicidade for o nosso quinhão...
Resignados e corajosos, se nos couber nesse dia uma parcela de sofrimento.

Após a noite de sono, todos despertaram felizes e bem-dispostos, preparados para *uma parcela de sofrimento* que viria.

Naquele dia o grande escritor faleceu subitamente, com serenidade e sem sofrimento.

Segunda: como seremos recebidos.

Aqui, nada melhor que o comentário de Kardec, no item 12, algo que merece cuidadosa reflexão:

Ao entrar no mundo dos Espíritos, o homem está como o operário que comparece no dia do pagamento.
A uns dirá o Senhor:
– Aqui tens a paga dos teus dias de trabalho.

A outros, aos venturosos da Terra, aos que hajam vivido na ociosidade, que tiverem feito consistir a sua felicidade nas satisfações do amor-próprio e nos gozos mundanos:

– Nada vos toca, pois que recebestes na Terra o vosso salário. Ide e recomeçai a tarefa.

BIBLIOGRAFIA DO AUTOR

01 – PARA VIVER A GRANDE MENSAGEM 1969
Crônicas e histórias.
Ênfase para o tema Mediunidade.
Editora: FEB

02 – TEMAS DE HOJE, PROBLEMAS DE SEMPRE 1973
Assuntos de atualidade.
Editora: Correio Fraterno do ABC

03 – A VOZ DO MONTE 1980
Comentários sobre "O Sermão da Montanha".
Editora: FEB

04 – ATRAVESSANDO A RUA 1985
Histórias.
Editora: IDE

05 – EM BUSCA DO HOMEM NOVO 1986
Parceria com Sérgio Lourenço
e Therezinha Oliveira.
Comentários evangélicos e temas de atualidade.
Editora: EME

06 – ENDEREÇO CERTO 1987
Histórias.
Editora: IDE

07 – QUEM TEM MEDO DA MORTE? 1987
Noções sobre a morte e a vida espiritual.
Editora: CEAC

08 – A CONSTITUIÇÃO DIVINA 1988
Comentários em torno de "As Leis Morais",
3ª parte de O Livro dos Espíritos.
Editora: CEAC

09 – UMA RAZÃO PARA VIVER 1989
Iniciação espírita.
Editora: CEAC

10 – UM JEITO DE SER FELIZ 1990
*Comentários em torno de
"Esperanças e Consolações",
4ª parte de* O Livro dos Espíritos.
Editora: CEAC

11 – ENCONTROS E DESENCONTROS 1991
Histórias.
Editora: CEAC

12 – QUEM TEM MEDO DOS ESPÍRITOS? 1992
*Comentários em torno de "Do Mundo Espírita e
dos Espíritos", 2ª parte de* O Livro dos Espíritos.
Editora: CEAC

13 – A FORÇA DAS IDEIAS 1993
Pinga-fogo literário sobre temas de atualidade.
Editora: O Clarim

14 – QUEM TEM MEDO DA OBSESSÃO? 1993
Estudo sobre influências espirituais.
Editora: CEAC

15 – VIVER EM PLENITUDE 1994
*Comentários em torno de "Do Mundo Espírita e
dos Espíritos", 2ª parte de* O Livro dos Espíritos.
Seqüência de Quem Tem Medo dos Espíritos?
Editora: CEAC

16 – VENCENDO A MORTE E A OBSESSÃO 1994
Composto a partir dos textos de Quem Tem Medo
da Morte? *e* Quem Tem Medo da Obsessão?
Editora: Pensamento

17 – TEMPO DE DESPERTAR 1995
Dissertações e histórias sobre temas de atualidade.
Editora: FEESP

18 – NÃO PISE NA BOLA 1995
Bate-papo com jovens.
Editora: O Clarim

19 – A PRESENÇA DE DEUS 1995
Comentários em torno de "Das Causas Primárias",
1ª parte de O Livro dos Espíritos.
Editora: CEAC

20 – FUGINDO DA PRISÃO 1996
Roteiro para a liberdade interior.
Editora: CEAC

21 – O VASO DE PORCELANA 1996
Romance sobre problemas existenciais, envolvendo
família, namoro, casamento, obsessão, paixões...
Editora: CEAC

22 – O CÉU AO NOSSO ALCANCE 1997
Histórias sobre "O Sermão da Montanha".
Editora: CEAC

23 – PAZ NA TERRA 1997
Vida de Jesus – nascimento ao início do apostolado.
Editora: CEAC

24 – ESPIRITISMO, UMA NOVA ERA 1998
Iniciação Espírita.
Editora: FEB

25 – O DESTINO EM SUAS MÃOS 1998
Histórias e dissertações sobre temas de atualidade.
Editora: CEAC

26 – LEVANTA-TE! 1999
Vida de Jesus – primeiro ano de apostolado.
Editora: CEAC

27 – LUZES NO CAMINHO 1999
Histórias da História, à luz do Espiritismo.
Editora: CEAC

28 – TUA FÉ TE SALVOU! 2000
Vida de Jesus – segundo ano de apostolado.
Editora: CEAC

29 – REENCARNAÇÃO – TUDO O QUE VOCÊ 2000
PRECISA SABER
Perguntas e respostas sobre a reencarnação.
Editora: CEAC

30 – NÃO PEQUES MAIS! 2001
Vida de Jesus – terceiro ano de apostolado.
Editora: CEAC

31 – PARA RIR E REFLETIR 2001
Histórias bem-humoradas, analisadas à luz da
Doutrina Espírita.
Editora: CEAC

32 – SETENTA VEZES SETE 2002
Vida de Jesus – últimos tempos de apostolado.
Editora: CEAC

33 – MEDIUNIDADE, TUDO O QUE 2002
VOCÊ PRECISA SABER
Perguntas e respostas sobre mediunidade.
Editora: CEAC

34 – ANTES QUE O GALO CANTE 2003
Vida de Jesus – o Drama do Calvário.
Editora: CEAC

35 – ABAIXO A DEPRESSÃO! 2003
Profilaxia dos estados depressivos.
Editora: CEAC

36 – HISTÓRIAS QUE TRAZEM FELICIDADE 2004
Parábolas evangélicas, à luz do Espiritismo.
Editora: CEAC

37 – ESPIRITISMO, TUDO O QUE 2004
VOCÊ PRECISA SABER
Perguntas e respostas sobre a Doutrina Espírita.
Editora: CEAC

38 – MAIS HISTÓRIAS QUE TRAZEM FELICIDADE 2005
Parábolas evangélicas, à luz do Espiritismo.
Editora: CEAC

39 – RINDO E REFLETINDO COM CHICO XAVIER 2005
*Reflexões em torno de frases e episódios
bem-humorados do grande médium.*
Editora: CEAC

40 – SUICÍDIO, TUDO O QUE VOCÊ PRECISA SABER 2006
*Noções da Doutrina Espírita sobre a problemática
do suicídio.*
Editora: CEAC

41 – RINDO E REFLETINDO COM CHICO XAVIER 2006
Volume II
*Reflexões em torno de frases e episódios
bem-humorados do grande médium.*
Editora: CEAC

42 –   TRINTA SEGUNDOS   2007
       Temas de atualidade em breves diálogos.
       Editora: CEAC

43 –   RINDO E REFLETINDO COM A HISTÓRIA   2007
       *Reflexões em torno da personalidade de figuras
       ilustres e acontecimentos importantes da História.*
       Editora: CEAC

44 –   O CLAMOR DAS ALMAS   2007
       Histórias e dissertações doutrinárias.
       Editora: CEAC

45 –   MUDANÇA DE RUMO   2008
       Romance.
       Editora: CEAC

46 –   DÚVIDAS E IMPERTINÊNCIAS   2009
       Perguntas e respostas.
       Editora: CEAC

47 –   BEM-AVENTURADOS OS AFLITOS   2009
       *Comentários sobre o capítulo V
       de* O Evangelho segundo o Espiritismo.
       Editora: CEAC